시험에 꼭 나오는

수능영단어

2300

월드컴

독해에서는 단어·숙어 등의 어휘실력이 큰 비중을 차지합니다.
그래서 시험에 자주 출제되는 중요 단어·숙어를 얼마나 능률적
으로 기억할 수 있는가가 바로 합격의 열쇠가 되는 것입니다.
단어·숙어는 실제 영문 속에서 그 의미와 용법을 익히는 것이 바
람직합니다만 시간적으로 많은 제약을 받는 수험생들이 접하는
영문의 양으로는 시험에 자주 출제되는 중요단어·숙어를 빠뜨릴
염려가 있습니다. 이와 같은 부족한 점을 보충하고 단기간에 어휘
력을 증강시키기 위해 단어·숙어집에 따른 학습이 필요해지는
것입니다.
그러나 중요단어·숙어와 그 번역을 나열한 것만으로는 충분한
효과를 기대할 수 없습니다. 효율적으로 익힐 수 있는 여러가지
암기 방식과 연상 방법이 필요합니다.
이 책은 이점을 염두에 두고, 시험에 잘 나오는 필수 단어·숙어
를 따로따로 익히는 것이 아니라 예문 속에서 다른 말과 연관시켜
학습하는 방법을 택했습니다. 그러나 중요 단어·숙어가 하나 내
지 둘 밖에 포함되어 있지 않은 많은 예문은 오히려 수험생의 부
담을 가중시키게 됩니다. 따라서 중요 단어·숙어(평균 5개)가
collocation system(자주 함께 쓰이는 단어들의 자연스런 결합방
식)으로 가득찬 445개의 예문을 엄선했습니다. 그리고 그 445개
의 예문에 각기 다른 2,300개 이상의 단어와 숙어를 수록하여, 예
문을 읽는 부담을 절반 이상 줄이고 5배 이상의 암기 효과를 누릴
수 있도록 했습니다.

필자는 어휘력을 늘리는 방식에는 여러가지가 있다고 생각합니다. 하지만 이 방식 만큼 효과적이며 오래 가는 방식은 없다고 봅니다. 어휘력 향상에 어려움을 느꼈던 많은 이들이 이 방식을 통해 효과를 보는 모습을 많이 봐왔기 때문입니다.

'연상시키는 것'과 마찬가지로 '반복하는 것'도 중요한 어학학습의 과정입니다. 이 책에서는 어휘 설명 외에도 동의어·유사어 및 간단한 영어설명을 많이 첨가했으므로 충분한 반복학습 또한 가능할 것입니다.

이 책을 중도에 포기하지 말고 끝까지 본다면 시험은 말할 필요도 없고 보다 수준 높은 영문도 사전 없이 읽을 수 있게 될 것입니다. 여러분의 건투를 빕니다.

저　자

이 책의 특징

① 핵심예문 445개에 2,300개의 어휘 수록!

이 책에서는 이와 같은 학습방법을 더욱 능률적으로 진행시키기 위해 445개의 예문을 15개의 Section으로 나눠, 각각의 Section 도입부에 예문에 소개될 연결단어(collocation)를 차례대로 정리해 놓았습니다. 이것을 잘 이용하면 여러분의 영어학습에 큰 도움이 되리라 생각합니다. 또한 예문 1개당 5개 이상의 단어·숙어가 수록되어 있어 짧은 시간에 효율적으로 많은 어휘를 익힐 수 있도록 했습니다.

최근 시험에 자주 출제되는 단어에 초점을 맞춰 그것들을 연결단어 형식으로 포함하는 예문을 실제 시험 문제를 중심으로 엄선했으며, 예문의 선택, 작성에 있어서는 연결단어 관계 사전, TOEFL 등 유학입시 데이터도 참고로 했습니다. 또한 예문은 대학입시수준을 유지하도록 노력했습니다.

② 연결단어(collocation)를 통한 5배 이상의 암기효과!!

단어·숙어를 익힐 때에는 독립적으로가 아니라, 반드시 문장 속에서 다른 단어와 연관지어 익혀야 합니다. 이 책에서 연결단어를 중시한 것도 그 때문입니다. 문장으로 기억하면 그 단어·숙어의 '인상'도 한층 더 강해지고, 비록 그 내용을 잊었다 하더라도 다시 익힐 때에는 기억의 실마리를 잡기 쉬워집니다.

③ 풍부한 동의어와 유의어 수록!!!

이 책의 특징 중 하나로 단어 설명 뒤에 동의어와 유의어를 많이 첨가한 것을 들 수 있습니다. 이것도 다른 단어와의 연관을 중시하는 구체적인 배려의 한 예입니다. 영어는 단어의 반복을 싫어해서 동의어 및 유의어가 매우 발달되어 있습니다. 동의어라고 해도 완전히 같은 뜻을 가진 단어는 매우 적으며, 대체로 미묘한 의미상·용법상의 차이가 있습니다. 그러나 수험생에게 있어 중요한 것은 그 차이에 집착하는 것이 아니라 큰 맥을 짚듯 동의어·유의어를 통틀어서 익히고, 어휘를 보다 풍부히 하는 것입니다.

④ 동의어와 유의어의 효과적인 반복!!!!

단어·숙어를 익힐 때에는 다른 단어와 관련짓는 동시에 반복해서 익히는 것이 중요합니다. 이 책에서는 표제어의 중복을 피했으므로 예문 속에서 중요 단어·숙어가 반복되어 제시되는 경우는 없습니다. 그러나 동의어·유의어는 몇 번이고 나오도록 했으므로, 자신도 모르는 사이에 반복적으로 학습되어, 별 무리 없이 단어·숙어를 머릿속에 기억시킬 수 있을 것입니다.

이 책의 효율적인 사용법

① 각 Section의 도입부에 정리되어 있는 연결단어의 의미를 알고 있는지 아닌지 체크해 봅니다. 모르는 것은 억지로 기억하지 않아도 좋습니다.

② 각 Section에 수록된 예문을 스스로의 힘으로 번역해 봅니다. 다음으로 표제어란을 참고로 하면서 자신의 번역과 모범 번역안을 비교·검토하며 바르게 번역할 수 있도록 합니다.

③ 단어·숙어 등의 어휘력을 증강시키기 위해 표제어란 전체를 상세히 검토하고 몰랐던 사항에는 줄을 쳐서 표시해 둡니다.

④ 이해한 예문을 반복해서 소리내어 읽고 직독직해할 수 있도록 연습합니다.

⑤ 다시 한 번 연결단어를 정리해 둔 페이지로 돌아가 체크해 봅니다. 이번에는 영어를 우리말로 옮기는 것이 아니라 우리말에서 영어로 바꿔 말할 수 있도록 연습해 봅니다.

이상은 표준적인 공부법을 제시한 것입니다. 각자의 실력과 능력에 따라 나름대로의 효율적인 활용법을 연구해 보셔도 좋습니다.

수능의 강자
수능영단어
2300

CONTENTS

각 Section의 첫부분에는 그 Section에 나오는 중요 Collocation(연결단어)이
정리되어 있습니다.

| 001 | ☐ **maximum of efficiency** | 최대의 효과 |
| | ☐ **minimum of effort** | 최소의 노력 |

| 002 | ☐ **accumulate property** | 재산을 모으다 |

| 003 | ☐ **contemporary society** | 현대 사회 |
| | ☐ **economic achievement** | 경제적인 업적 |

| 005 | ☐ **sacred wisdom** | 신성한 지혜 |

| 006 | ☐ ***one's* favorite pastime** | 즐겨하는 취미 |

007	☐ **make a grave mistake**	중대한 실수를 저지르다
	☐ **fall on *one's* knees**	무릎을 꿇다
	☐ **ask for pardon**	용서를 구하다

| 008 | ☐ **international cooperation** | 국제협력 |
| | ☐ **endangered species** | 멸종될 지경에 이른 종 |

| 009 | ☐ **Prime Minister** | 수상, 국무총리 |
| | ☐ **deficits in state finances** | 국가의 재정적자 |

| 010 | ☐ **medical care for the aged** | 노인 의료 |
| | ☐ **social security** | 사회 보장 제도 |

| 011 | ☐ **discard *one's* dignity** | 체면을 버리다 |

| 014 | ☐ **contrary to expectation** | 기대와는 달리 |
| | ☐ **bear fruit** | 열매[결실]를 맺다 |

| 015 | ☐ **faint scent** | 은은한 향기 |

연결단어(collocation)란, 단어와 단어의 연결을 표시한 것입니다. 외워두면
단어의 올바른 사용법이 몸에 배어, 영작문 등에 많은 도움이 됩니다.

016 □ solar system   태양계

017 □ have a sour taste   신맛이 나다

018 □ deserve a compliment   칭찬받을 만하다

019 □ avoid violence   폭력을 피하다
□ struggle for independence   독립을 위해 싸우다
□ peaceful means   평화적인 방법

020 □ personal satisfaction   개인적인 만족

021 □ plausible excuse   그럴듯한 변명
□ be late for class   수업에 늦다

022 □ fatal disaster   치명적인 참사

026 □ wage negotiation   임금 교섭 [협상]

027 □ ecstasy of winning   승리의 기쁨
□ agony of defeat   패배의 고통

028 □ play an important part in   ~에 중요한 역할을 하다

029 □ childish amusements   유치한 오락

030 □ ardent patriots   열렬한 애국자들
□ the humiliating treaty   굴욕적인 조약

* 왼쪽의 번호는 본문의 항목번호를 나타냅니다.

001

My belief is to achieve a maximum of efficiency
with a minimum of effort.

나는 최소의 노력으로 최대의 효과를 올릴 것을 확신한다.

1 □ **belief**
[bilíːf]
- 명 신념, 믿음, 확신
- * believe 동 믿다

2 □ **achieve**
[ətʃíːv]
- 동 이루다, 획득하다, 달성하다
- * achievement 명 달성, 업적

3 □ **maximum**
[mǽksəməm]
- 명 최고점, 최대한 (⇔minimum)
- 형 최대의

4 □ **efficiency**
[ifíʃənsi]
- 명 효과, 능률, 능력
- * efficient 형 효율적인, 효과적인

5 □ **minimum**
[mínəməm]
- 명 최소한도, 최소량 (⇔maximum)
- 형 최소의

6 □ **effort**
[éfərt]
- 명 노력
- « make an **effort** 노력하다

002

He had accumulated quite a little property
through his faithful toil.

그는 성실하게 열심히 일해서 상당한 재산을 모았다.

7 □ **accumulate**
[əkjúːmjulèit]
- 동 모으다, 축적하다
- * accumulation 명 축적

8 □ **quite a little**
- (양에 대해) 꽤 많은, 상당한 (not a little)
- « **quite** a few 꽤 많은, 상당수의 (not a few)
  Quite a few went to the concert.
  많은 사람들이 콘서트를 보러 갔다.

9 □ **property**
[prápərti]
- 명 재산, 소유물, 부동산
- * proper 형 적당한, 고유의

10 □ **through** [θrú]	전 ~을 통해, ~한 결과로
11 □ **faithful** [féiθfəl]	형 성실한, 열심인 ＊ faith 명 신뢰, 신용, 성실
12 □ **toil** [tɔil]	명 수고[일], 고생 동 힘써 일하다, 고생하다

003

Contemporary society places supreme significance
on economic achievement.

현대 사회는 경제적인 업적을 최고로 중시한다.

13 □ **contemporary** [kəntémpərèri]	형 현대의, 동시대의 명 동시대인 ☞ temporary 형 일시적인
14 □ **society** [səsáiəti]	명 사회, 협회 ＊ social 형 사회의, 사교의 ＊ sociable 형 사교적인
15 □ **place** [pleis]	동 (중요성 등을) …에 두다, 배치하다
16 □ **supreme** [suprí:m]	형 최고의 ＊ supremacy 명 최고, 우위
17 □ **significance** [signífikəns]	명 중요성, 의미 ＊ significant 형 의미있는, 중대한
18 □ **economic** [i:kənámik]	형 경제의, 경제학의 ＊ economy 명 경제, 절약 ＊ economical 형 경제적인, 검약하는
19 □ **achievement** [ətʃí:vmənt]	명 업적, 달성

004

I was astonished by his strange behavior.

나는 그의 이상한 행동에 깜짝 놀랐다.

20 □ **astonish** [əstániʃ]	동	놀라게 하다
	*	astonishment 명 (굉장히) 놀람, 경악
21 □ **strange** [stréindʒ]	형	이상한, 낯선
	*	stranger 명 낯선 사람, 잘 모르는 사람
22 □ **behavior** [bihéivjər]	명	행동, 행위
	*	behave 동 행동하다

005

Korean poets have long regarded nature as a source of sacred wisdom.

한국의 시인들은 오랫동안 자연을 신성한 지혜의 원천이라고 생각해 왔다.

23 □ **poet** [pouit]	명	시인
	*	poem 명 (한 편의) 시
	*	poetry 명 (문학 형식으로서의) 시, 운문
24 □ **regard** [rigáːrd]	동	생각하다[간주하다]
	«	**regard** A as B A를 B로 생각하다
25 □ **nature** [néitʃər]	명	자연, 성질, 본질
	*	natural 형 자연의, 타고난
26 □ **source** [sɔ́ːrs]	명	원천, 기원
27 □ **sacred** [séikrid]	형	신성한
	«	a **sacred** place 신성한 장소
28 □ **wisdom** [wízdəm]	명	지혜, 현명함
	*	wise 형 영리한, 현명한

006

He was absorbed in his favorite pastime, lure fishing.

그는 그가 즐겨하는 취미인 루어 낚시에 빠져 있다.

---

29 □ **absorb**
[æbsɔ́ːrb]

동 열중시키다, 흡수하다
« be **absorbed** in ～에 빠지다, ～에 열중하다
* absorption 명 흡수, 몰두

---

30 □ **favorite**
[féivərit]

형 매우 좋아하는, 마음에 드는
* favorable 형 호의적인, 유리한
* favor 명 호의, 지지
« in **favor** of …에 찬성하여

---

31 □ **pastime**
[pǽstaim]

명 기분 전환, 오락, 취미

---

32 □ **lure**
[luər]

명 매혹물, (물고기의) 유인 장치
동 유혹하다, (미끼 등을 써서) 꾀어 들이다

---

33 □ **fishing**
[fíʃiŋ]

명 낚시, 어업
« lure **fishing** 루어 낚시

007

> He made a grave mistake and fell on his knees to ask for pardon.
>
> 그는 중대한 실수를 저질러서 무릎 꿇고 용서를 빌었다.

---

34 ☐ **make a mistake** | 실수하다

---

35 ☐ **grave** [greiv]
- 형 중대한, 중요한
- * gravity 명 중대함, 중력, 인력

---

36 ☐ **knee** [ni:]
- 명 무릎
- « fall on one's **knees** 무릎을 꿇다
- * kneel 동 무릎 꿇다

---

37 ☐ **ask for** | 요구하다, 묻다
청하다, 청구하다

---

38 ☐ **pardon** [pá:rdn]
- 명 용서, 관용
- 동 용서하다

008

> It will take international cooperation to save endangered species.
>
> 멸종될 지경에 이른 종을 구하기 위해서는 국제협력이 필요하다.

---

39 ☐ **international** [ìntərnǽʃənl]
- 형 국제적인, 국가간의

---

40 ☐ **cooperation** [kouàpəréiʃən]
- 명 협력, 협동
- * cooperate 동 협력하다
- * cooperative 형 협력적인

---

41 ☐ **save** [seiv]
- 동 구하다, 구조하다, 저축하다

42 ☐ **endangered** 형 멸종될 지경에 이른
[indéindʒərd] * endanger 동 위험에 빠뜨리다

43 ☐ **species** 명 (생물의) 종(種)
[spíːʃiːz] << our **species** 인류

009

The Prime Minister pledged to exert himself to eliminate deficits in state finances.

수상은 국가의 재정적자를 없애기 위해 노력할 것을 다짐했다.

44 ☐ **prime** 형 첫째의, 주요한
[praim]

45 ☐ **minister** 명 장관, 목사
[mínəstər] * ministry 명 (M~) (정부의) 부, 성(省)
<< Prime **Minister** 국무총리, 수상

46 ☐ **pledge** 동 다짐하다, 약속하다
[pledʒ] 명 굳은 약속, 서약

47 ☐ **exert** 동 (힘 등을) 쓰다, 발휘하다
[igzə́ːrt] << **exert** oneself (스스로) 노력하다
* exertion 명 노력, 진력

48 ☐ **eliminate** 동 없애다, 제거하다
[ilímənèit] * elimination 명 제거, 삭제

49 ☐ **deficit** 명 적자, 부족, 결손
[défəsit]

50 ☐ **state** 명 국가, 나라
[steit] 동 (공식적으로) 진술하다

51 ☐ **finance** 명 재정, 재원
[fáinæns] * financial 형 재정상의, 금전상의

010

Medical care for the aged is one aspect of social security.

노인 의료는 사회 보장 제도의 일환이다.

---

52 ☐ **medical**
[médikəl]

- 형 의학의
- « **medical** care   의료
- * medicine   명 의학, 약

---

53 ☐ **care**
[kɛər]

- 명 걱정, 보살핌, 보호
- 동 걱정하다, 보살피다, 간호하다

---

54 ☐ **aspect**
[ǽspekt]

- 명 일환, 국면, 관점

---

55 ☐ **security**
[sikjúərəti]

- 명 안전, 보호, 보장
- * secure   형 안전한, 보장된
        동 안전하게 하다, 확보하다

011

The reserved group of women discarded their dignity and dashed for the bargain counter.

말없이 조용히 있던 많은 여자들이 그들의 체면을 버리고 세일카운터로 몰려들었다.

---

56 ☐ **reserved**
[rizə́:rvd]

- 형 말수가 적은, 보류한, 예약한
- * reserve   동 남겨두다, 예약하다
- * reservation   명 예약, 보류

---

57 ☐ **discard**
[diskɑ́:rd]

- 동 버리다, (옷을) 벗어버리다
- [dis (= away) + card (카드) : 불필요한 패를
                    버리다]

---

58 ☐ **dignity**
[dígnəti]

- 명 존엄, 위엄, 품위
- * dignify   동 위엄있게 하다

59 □ **dash**
[dæʃ]
동 몰려들다, 돌진하다

60 □ **bargain**
[báːrgən]
명 싼 물건, 특가품, 매매 계약

012

The Buddhist sect **is** notorious **for its** complicated ritual procedures.

그 불교 종파는 복잡한 의식절차로 악명이 높다.

61 □ **Buddhist**
[búːdist]
형 불교의
명 불교신자
＊ Buddhism 명 불교

62 □ **sect**
[sekt]
명 종파, 분파

63 □ **notorious**
[noutɔ́ːriəs]
형 악명 높은
« be **notorious** for ~으로 악명 높다

64 □ **complicated**
[kámpləkèitid]
형 복잡한
＊ complicate 동 복잡하게 하다
＊ complication 명 복잡화

65 □ **ritual**
[rítʃuəl]
명 (종교적인) 의식, 제식
형 의식의, 제식의
＊ rite 명 관습, [~s] (종교상의) 의식

66 □ **procedure**
[prəsíːdʒər]
명 절차, 수속
＊ proceed 동 속행하다, 진행하다

013

The four-wheel-drive vehicle can ascend a steep slope with ease.

그 사륜구동차는 가파른 비탈길을 쉽게 오를 수 있다.

---

67 ☐ **wheel**
[*h*wi:l]

명 차륜, 핸들

« be at the **wheel**   핸들을 잡다, 운전하다

---

68 ☐ **vehicle**
[ví:ikl]

명 자동차, 탈 것

---

69 ☐ **ascend**
[əsénd]

동 오르다, 올라가다

* ascent   명 올라감, 상승 (⇔ descent 하강)

---

70 ☐ **steep**
[sti:p]

형 가파른, 험한

---

71 ☐ **slope**
[sloup]

명 비탈길, 언덕

014

Contrary to our expectation his endeavor bore no fruit.

우리의 기대와는 달리 그의 노력은 결실을 맺지 못했다.

---

72 ☐ **contrary**
[kántreri]

부 반대로, 반하여 (to)

형 반대의, ~에 반하는 (to)

« on the **contrary**   그러기는 커녕, 이에 반하여

« to the **contrary**   그와 반대의[로]

---

73 ☐ **expectation**
[èkspektéiʃən]

명 기대, 예상

* expect   동 예상하다

---

74 ☐ **endeavor**
[indévər]

명 노력, 시도

동 노력하다, 시도하다

---

75 ☐ **bear**
[bɛər]

동 (열매를) 맺다, (꽃을) 피우다

« **bear** fruit   열매(결실)를 맺다, 성과를 올리다

015

We breathed in a faint scent[fragrance] of roses.

우리는 장미의 은은한 향기를 맡았다.

76 ☐ **breathe**	동 들이쉬다, 호흡하다
[briːð]	≪ **breathe** in 숨을 들이쉬다
77 ☐ **faint**	형 은은한, 희미한, 약한
[feint]	동 기절하다
78 ☐ **scent**	명 향기, 냄새
[sent]	
79 ☐ **fragrance**	명 향기, 방향
[fréigrəns]	✻ fragrant 형 향기로운, 방향성의

016

Mars is the 7th largest planet in the solar system.

화성은 태양계에서 일곱 번째로 큰 행성이다.

80 ☐ **Mars**	명 화성
[mɑːrz]	
81 ☐ **planet**	명 행성, 유성
[plǽnit]	≪ this [our] **planet** (우리들이 사는 혹성) 지구
82 ☐ **solar**	형 태양의
[sóulər]	≪ the **solar** system 태양계
83 ☐ **system**	명 체계, 조직
[sístəm]	✻ systematic 형 조직적인, 체계적인 .

017

Don't pick the wild strawberries until they become
riper. They still have a sour taste.

좀더 익을 때까지 그 산딸기를 따지 마세요[그 산딸기는 좀더 익은 후에 따
세요]. 아직은 신맛이 나거든요.

84 ☐ **pick** [pik]	동 따다, 가려내다
85 ☐ **wild** [waild]	형 야생의, 야만적인 * wilderness 명 황야, 황무지
86 ☐ **ripe** [raip]	형 익은, 원숙한 * ripen 동 익다, 숙성하다
87 ☐ **sour** [sauər]	형 신, 시큼한
88 ☐ **taste** [teist]	명 맛, 미각, 기호 동 맛보다

018

His excellent research in anthropology deserves a
compliment[tribute].

인류학에 있어서 그의 뛰어난 연구는 칭찬받을 만하다.

89 ☐ **excellent** [éksələnt]	형 뛰어난 * excellence 명 우수, 탁월
90 ☐ **research** [riːsə́ːrtʃ]	명 연구, 조사 동 조사하다 * researcher 명 연구자, 조사원
91 ☐ **anthropology** [æ̀nθrəpáلədʒi]	명 인류학 * anthropologist 명 인류학자

92 □ **deserve**
[dizə́:rv]
동 ~할 만하다, ~할 가치가 있다

93 □ **compliment**
[kámpləmənt]
명 찬사, 칭찬하는 말
동 ~에 찬사를 보내다, 칭찬하다

94 □ **tribute**
[tríbju:t]
명 칭찬의 말, 감사의 표시

019

We must avoid violence, and struggle for
independence by peaceful means.

우리는 폭력은 피하면서, 독립을 위해 평화적인 방법으로 싸워야 한다.

95 □ **avoid**
[əvóid]
동 피하다, 막다
* avoidance   명 회피
* avoidable   형 피할 수 있는

96 □ **violence**
[váiələns]
명 폭력, 격렬
* violent   형 폭력적인, 난폭한
* violate   동 위반하다

97 □ **struggle**
[strʌ́gl]
동 싸우다, 애쓰다
명 노력, 투쟁, 싸움

98 □ **independence**
[ìndipéndəns]
명 독립, 자립 (⇔dependence 의존)
* independent   형 독립한 (⇔dependent)
« be **independent** of   ~로부터 독립되어 있다

99 □ **peaceful**
[pí:sfəl]
형 평화적인, 평온한
* peace   명 평화
☞ piece (한 조각)와 동음 이의어

100 □ **means**
[mi:nz]
명 방법, 재산, 자력
« a man of **means**   재산가

020

He works not so much for profit as for personal satisfaction.

그는 돈벌이 때문이라기 보다는 개인적인 만족을 위해 일하고 있다.

101 □ **profit**
[práfit]
- 명 이익 (⇔loss 손실), 유익
- 동 이익을 얻다
- * profitable 형 유리한, 벌이가 되는

102 □ **personal**
[pə́:rsənl]
- 명 개인적인, 개인의
- * personality 명 성격, 인격
- * personnel 명 직원, 사원

103 □ **satisfaction**
[sæ̀tisfǽkʃən]
- 명 만족
- * satisfy 동 ~을 만족시키다

021

The boy made up a plausible excuse for being late for class.

소년은 수업에 늦은 이유에 대해 그럴듯한 변명을 늘어놓았다.

104 □ **make up**
만들어내다, 작성하다, 구성하다

105 □ **plausible**
[plɔ́:zəbl]
- 형 그럴듯한, 정말 같은

106 □ **excuse**
[ikskjú:z]
- 명 변명, [~s] 사과
- 동 변명을 하다, 용서하다

107 □ **class**
[klæs]
- 명 수업

022

The slightest[The most trivial] error may lead to a fatal disaster.

아무리 사소한 실수라도 치명적인 참사를 가져올 수 있다.

108 ☐ **slight** [slait]	형 사소한, 하찮은
109 ☐ **trivial** [tríviəl]	형 시시한, 하찮은
110 ☐ **error** [érər]	명 실수, 잘못 ∗ err 동 잘못하다, 죄를 범하다
111 ☐ **fatal** [féitl]	형 치명적인, 중대한 ∗ fatality 명 참사, 죽음, 사망자
112 ☐ **disaster** [dizǽstər]	명 참사, 재해, 불행 ∗ disastrous 형 비참한

023

How deplorable (it is) to exploit people in distress!

곤경에 처한 사람들을 착취하다니 얼마나 한탄스러운 일인가!

113 ☐ **deplorable** [diplɔ́:rəbl]	형 한탄스러운, 비참한 ∗ deplore 동 개탄하다, 몹시 한탄하다
114 ☐ **exploit** [iksplɔ́it]	동 착취하다, 개발하다 ∗ exploitation 명 착취, 개발
115 ☐ **distress** [distrés]	명 걱정, 고통, 빈곤 동 괴롭히다, 슬프게 하다 ≪ in **distress** (금전 등에) 곤궁한, 곤란받는, 고민하는

024

I thoroughly approve of the aims of the organizer.

나는 주최자의 의도에 전적으로 찬성한다.

116 □	**thoroughly** [θə́:rouli]	🔵 부 전적으로, 완전히
		* thorough 🟩 형 철저한, 완전한
117 □	**approve** [əprúːv]	🟢 동 찬성하다, 좋다고 인정하다
		* approval 🟩 명 찬성, 승인 (⇔ disapproval)
118 □	**aim** [eim]	🟢 명 의도, 목적
		🟢 동 (aim at A) A를 노리다, 목표로 삼다
119 □	**organizer** [ɔ́ːrgənáizər]	🟢 명 주최자, 조직자
		* organize 🟩 동 조직하다, 준비를 하다

025

Science replaces the amazement of ignorance by the sureness of knowledge.

과학은 무지의 놀라움을 확실한 지식으로 깨우쳐 준다.

120 □	**science** [sáiəns]	🟢 명 과학
		≪ social **science** 사회과학
		* scientific 🟩 형 과학적인, 과학의
121 □	**replace** [ripléis]	🟢 동 대체하다, 대신하다
		* replacement 🟩 명 대체, 교체
122 □	**amazement** [əméizmənt]	🟢 명 놀람, 경탄
		* amaze 🟩 동 놀라게 하다
123 □	**ignorance** [íɡnərəns]	🟢 명 무지, (어떤 일을) 모름
		* ignorant 🟩 형 무지한, 모르는
124 □	**sureness** [ʃúərnis]	🟢 명 확실함, 완전함
		* sure 🟩 형 확실한, 확신하고 있는

125 □ **knowledge** 명 지식, 알고 있는 것
[nálidʒ]
« have a good **knowledge** of A
A를 잘 알고 있다
« to (the best of) my **knowledge**
내가 알고 있는 한에서는

026

The wage negotiations have entered on their final phase[stage].

임금 교섭이 최종 단계에 들어갔다.

126 □ **wage** 명 [~s] 임금, 급여
[weidʒ]
☞ 특히 육체노동에 따른 시간급을 말한다.
salary는 월급 등의 정기적으로 지급되는 봉급

127 □ **negotiation** 명 교섭, 협상
[nigòuʃiéiʃən]
* negotiate 동 교섭하다

128 □ **enter** 동 들어가다, 참가하다
[entər]
* entrance 명 입구 (⇔exit 출구)
* entry 명 들어감, 입장

129 □ **final** 형 최종의, 결정적인
[fáinl] 명 결승전, 기말시험
* finally 부 최후에, 결국

130 □ **phase** 명 단계, 국면
[feiz]

131 □ **stage** 명 단계, 무대
[steidʒ]

027

The ecstasy of winning and the agony of defeat
urge athletes to compete.

승리의 기쁨과 패배의 고통때문에 선수들은 어쩔 수 없이 경쟁하게 된다.

---

132 ☐ **ecstasy**
[ékstəsi]
- 명 큰 기쁨, 희열, 환희

---

133 ☐ **winning**
[wíniŋ]
- 명 승리, 획득
- ＊ win 동 승리하다, 획득하다

---

134 ☐ **agony**
[ǽgəni]
- 명 격심한 고통, 고뇌

---

135 ☐ **defeat**
[difíːt]
- 명 패배 (⇔victory 승리), 실패
- 동 쳐부수다, 패배시키다
- ≪ be **defeated** 지다

---

136 ☐ **urge**
[əːrdʒ]
- 동 몰아대다, ~에게 억지로 시키다
- ＊ urgency 명 긴급, 위기
- ☞ '긴급한 경우, 긴급사태'는 emergency
- ＊ urgent 형 절박한

---

137 ☐ **athlete**
[ǽθliːt]
- 명 운동선수, 경기자
- ＊ athletic 형 운동경기의

---

138 ☐ **compete**
[kəmpíːt]
- 동 경쟁하다
- ＊ competition 명 경쟁
- ＊ competitive 형 경쟁의

028

The queen played an obscure but important part
[role] in reconciling the two kingdoms.

여왕은 그 두 왕국을 화해시키는데 눈에 띄진 않지만 중요한 역할을 했다.

---

139 ☐ **obscure**
[əbskjúər]
- 형 눈에 띄지 않는, 불명료한
- ＊ obscurity 명 애매함, 불명료

---

140 □ **reconcile**
[rékənsàil]

동 화해시키다, 중재하다, ~에 만족하게 하다

« **reconcile** oneself to ~을 감수하다

* reconciliation 명 화해, 조화

---

141 □ **kingdom**
[kíŋdəm]

명 왕국, 영역

029

> The unmarried are driven by boredom to childish amusements or vicious delights.
>
> 미혼자들은 무료한 탓에 유치한 오락이나 나쁜 취미에 빠지게 된다.

---

142 □ **unmarried**
[ʌnmǽrid]

형 미혼의

« the **unmarried** 미혼자

* marriage 명 결혼 (⇔divorce 이혼)

---

143 □ **boredom**
[bɔ́ːrdəm]

명 무료함, 지루함

* bore 동 지루하게 하다

* boring 형 지루한

---

144 □ **childish**
[tʃáildiʃ]

형 유치한, 어린애 같은

* childlike 형 어린애 같은, 순진한

---

145 □ **amusement**
[əmjúːzmənt]

명 오락, 즐거움, 기쁘게 하는 것

* amuse 동 즐겁게 하다

---

146 □ **vicious**
[víʃəs]

형 나쁜, 사악한

* vice 명 악덕, 악 (⇔virtue 미덕)

---

147 □ **delight**
[diláit]

명 기쁨, 즐거움

동 매우 기쁘게 하다

* delightful 형 매우 기쁜, 즐거운

* delighted 형 기뻐하는, 즐거워하는

030

The ardent patriots objected to the humiliating
treaty.

열렬한 애국자들은 그 굴욕적인 조약에 이의를 제기했다.

---

148 ☐ **ardent**
[áːrdənt]

형 열렬한, 정열적인
* ardor   명 열정, 열심

---

149 ☐ **patriot**
[péitriət]

명 애국자
* patriotism   명 애국심
* patriotic   형 애국적인

---

150 ☐ **object**
[ábdʒikt]

동 반대하다, 이의를 제기하다
명 사물, 대상
* objection   명 반대, 이의

---

151 ☐ **humiliating**
[hjuːmílièitiŋ]

형 굴욕적인, 면목 없는
* humiliate   동 창피를 주다
* humiliation   명 굴욕, 창피
* humble   형 겸허한, 비천한

---

152 ☐ **treaty**
[tríːti]

명 조약, 협정

Young men are fitter to invent than to judge, fitter for execution than for counsel, fitter for new projects than for settled business.

청년들은 판단하는 것보다는 생각해내는 것이 어울리고, 타협보다는 실행이 적합하며, 안정된 직업보다는 새로운 기획이 더 잘 어울린다.

| 031 | ☐ brand-name item | 브랜드 상품, 유명 상품 |
| | ☐ prove to be an imitation | 모조품으로 판명되다 |

| 032 | ☐ established communication system | 기존 통신시스템 |

| 033 | ☐ surpass him in intellect | 지적인 면에서 그를 능가하다 |

036	☐ city council	시의회
	☐ throw off its apathy	무관심한 태도를 버리다
	☐ housing problem	주택 문제

| 037 | ☐ ignore the foul abuse | 상스러운 욕을 무시하다 |

| 038 | ☐ at the very thought of | ~라는 생각만으로도 |
| | ☐ deserted house | 폐가 |

| 039 | ☐ sacrifice *one's* life | 목숨을 바치다 |
| | ☐ for the sake of justice | 정의를 위해서 |

| 040 | ☐ defendant's testimony | 피고의 증언 |

| 041 | ☐ plane crash | 비행기 추락사고 |
| | ☐ defy all imagination | 모든 상상을 거부하다 |

| 042 | ☐ Leave me alone. | 날 혼자 내버려 둬. |
| | ☐ It's none of your business. | 네가 상관할 바 아냐. |

| 043 | ☐ give priority to | ~에 우선권을 주다 |
| | ☐ urban congestion | 도시의 인구집중 |

| 045 | ☐ physical fitness | 육체적 건강 |
| | ☐ chronic fatigue | 만성적인 피로 |

| 046 | ☐ accomplish *one's* end | 목적을 달성하다 |
| | ☐ shortage of funds | 자금 부족 |

| 047 | ☐ be fairly well off | 꽤 부유하다 |
| | ☐ in that respect | 그 점에 있어서는 |

| 048 | ☐ be involved in a traffic accident | 교통사고에 휘말리다 |
| | ☐ have a narrow escape | 간신히 위기를 벗어나다 |

| 049 | ☐ moral principles | 도덕적 신념, 도의 |
| | ☐ overcome temptation | 유혹을 이겨내다 |

| 050 | ☐ put it into action | 그것을 실행에 옮기다 |

| 051 | ☐ die in poverty | 가난 속에서 죽다 |

| 052 | ☐ human nature | 인간성 |

| 053 | ☐ by the irony of fate | 운명의 장난으로 |
| | ☐ find oneself in the plight | 곤경에 처하다 |

| 054 | ☐ Far from it. | 당치도 않다, 그런 일은 절대로 없다 |

| 055 | ☐ have twins | 쌍둥이를 낳다 |
| | ☐ hereditary trait | 유전적인 특징 |

| 056 | ☐ as *one's* name implies | 이름이 의미하는 대로 |

| 057 | ☐ study of the subject | 그 주제의 연구 |

| 058 | ☐ circulation of the blood | 혈액 순환 |

031

We generally find that if a brand-name item is cheap, it ultimately proves to be an imitation.

일반적으로 유명 상표가 붙은 상품의 값이 싸면 결국에 그것은 모조품이라는 걸 증명하는 게 된다.

---

153 □ **generally**
[dʒénərəli]

부 보통, 일반적으로

---

154 □ **brand**
[brænd]

명 상표, 브랜드

---

155 □ **item**
[áitəm]

명 상품, 품목

---

156 □ **cheap**
[tʃiːp]

형 값싼, 저렴한

---

157 □ **ultimately**
[ʌ́ltəmətli]

부 결국, 최종적으로
* ultimate 형 궁극의, 최종의

---

158 □ **prove**
[pruːv]

동 판명되다 (turn out), 증명하다
* proof 명 증명, 증거
형 보증할 수 있는, ~에 견디는

---

159 □ **imitation**
[imətéiʃən]

명 위조품, 모조품, 모방
* imitate 동 흉내내다

032

The Internet constitutes a threat to the established communication system.

인터넷은 기존 통신시스템을 위협하고 있다.

160 ☐ **Internet**
[íntərnèt]
🅗 인터넷

161 ☐ **constitute**
[kánstətjùːt]
🅥 구성하다, (위협 등을) ~에게 주다
« **constitute** a threat to ~을 위협하다
* constitution 🅗 구성, 체질

162 ☐ **threat**
[θret]
🅗 위협, 협박
* threaten 🅥 협박하다, 위협하다

163 ☐ **established**
[istǽbliʃt]
🅗 기존의, 기성의
« an **established** fact 기정사실
* establish 🅥 설립하다, 확립하다
* establishment 🅗 설립, 확립

164 ☐ **communication**
[kəmjùːnəkéiʃən]
🅗 전달, 통신
* communicate 🅥 전달하다, 통신하다

033

No one surpasses him in intellect.

아무도 지적인 면에서 그를 능가하지 못한다.

165 ☐ **surpass**
[sərpǽs]
🅥 ~보다 낫다, 능가하다
« **surpass** A in B B(~의 점)에서 A를 능가하다

166 ☐ **intellect**
[íntəlèkt]
🅗 지성, 지력, [the intellect(s); 집합적] 지식인
* intellectual 🅗 지적인, 지식 있는
* intelligent 🅗 지식인, 인텔리

034

This university admits a limited number of students solely on recommendation from their high school principals.

이 대학은 출신고교 교장의 추천에 따라 제한된 몇명의 학생들만 받아들인다.

167 ☐ **admit** [ədmít]	동 입장(입학)을 인정하다, 허가하다 ＊ admission 명 입장 허가, 입학, 승인
168 ☐ **limited** [límitid]	형 제한된, 한정된 ＊ limit 명 제한 동 제한하다 ＊ limitation 명 제한, 한도
169 ☐ **solely** [sóulli]	부 오로지, 단지
170 ☐ **recommendation** [rèkəmendéiʃən]	명 추천, 추천장 ＊ recommend 동 추천하다
171 ☐ **principal** [prínsəpəl]	명 교장

035

I used to wander in the mountain streams in search of a very rare fish.

나는 희귀어종을 찾아 산속의 시냇물을 헤매 다니곤 했다.

172 ☐ **wander** [wándər]	동 헤매다, (정처없이) 돌아다니다 ☞ wonder[wʌ́ndər] 이상하게 여기다
173 ☐ **stream** [strí:m]	명 시내, 흐름
174 ☐ **search** [sə́:rtʃ]	명 수색, 조사 ≪ in **search** of ~을 찾아서
175 ☐ **rare** [rɛər]	형 희귀한, 진귀한 ＊ rarely 부 드물게, 좀처럼 ~하지 않는

036

It is time the city council threw off its apathy,
and did something about the housing problem.

시의회는 무관심한 태도를 버리고 주택 문제에 대해 뭔가 해야만 할 시기다.

176 □ **council** [káunsəl]	명 의회, 평의회
177 □ **throw off**	내팽개치다, 버리다, 벗어 던지다
178 □ **apathy** [ǽpəθi]	명 무관심, 냉담
179 □ **housing** [háuziŋ]	명 주택, 주택공급 « the **housing** problem 주택 문제

037

Such was his pride that he could not bring
himself to ignore the foul abuse.

그는 자존심이 대단했기 때문에 그 상스러운 욕을 무시할 마음이 들지 않았다.

180 □ **pride** [praid]	명 자존심, 자만 동 뽐내다, 자랑하다 « take **pride** in = **pride** oneself on ~을 뽐내다 * proud 형 자부심을 갖고 있는, 자만하는
181 □ **ignore** [ignɔ́:r]	동 무시하다 * ignorant 형 무지한 * ignorance 명 무지, 알지 못함
182 □ **foul** [faul]	형 상스러운, 불결한
183 □ **abuse** [əbjú:s]	명 욕설, 남용 동 [əbjú:z] 욕하다, 남용하다

038

He shuddered at the very thought of being shut up in a deserted house.

그는 폐가에 감금된다는 생각만으로도 몸을 떨었다.

184 □ **shudder**
[ʃʌ́dər]
> 동 몸을 떨다, 몸서리치다

185 □ **shut up**
> 감금하다, 밀폐하다, 잠그다

186 □ **deserted**
[dizə́:rtid]
> 형 사람이 살지 않는, 인적이 없는
> * desert 동 버리다

039

We should be willing to sacrifice our life for the sake[good] of justice.

우리는 정의를 위해 기꺼이 목숨을 바쳐야 한다.

187 □ **sacrifice**
[sǽkrəfàis]
> 동 바치다, 희생하다
> 명 희생, 제물
> « at the **sacrifice** of   ~을 희생해서

188 □ **sake**
[seik]
> 명 위함, 이익, 목적
> « for the **sake** of   ~을 위하여

189 □ **good**
[gud]
> 명 위함, 이익

190 □ **justice**
[dʒʌ́stis]
> 명 정의, 공정함, 정당성
> « do **justice** to A = do A **justice**
>   A를 공정하게 평가하다
> * justify 동 정당화하다
> * justification 명 정당화

040

We exposed an inherent contradiction in the defendant's testimony.

우리는 피고의 증언 속에 내재되어 있는 모순점을 밝혔다.

---

191 □ **expose**
[ikspóuz]

- 동 폭로하다, 드러내다
- * exposure   명 드러냄, 폭로
- * exposition   명 박람회, 전시

---

192 □ **inherent**
[inhíərənt]

- 형 내재되어 있는, 천성적인
- « efforts **inherent** in success
  성공에 따라다니는 노력

---

193 □ **contradiction**
[kàntrədíkʃən]

- 명 모순, 부정
- * contradict   동 ~와 모순되다, 부정하다
- * contradictory   형 모순된

---

194 □ **defendant**
[diféndənt]

- 명 피고 (⇔plaintiff 원고, 기소한 사람)
- * defend   동 지키다
- * defense   명 방어 (⇔ offense 공격)
- * defensive   형 방어적인, 방위의

---

195 □ **testimony**
[téstəmòuni]

- 명 증언, 증거
- * testify   동 증언하다

041

The hardships endured by survivors of the plane crash defy all imagination.

그 비행기의 추락사고에서 살아남은 사람들이 견뎌낸 고난은 상상할 수도 없을 정도다.

196 □ **hardship**
[háːrdʃip]
- 명 곤란, 신고(辛苦), 고충

197 □ **endure**
[indjúər]
- 동 견디다
- * endurance 명 인내, 내구성

198 □ **survivor**
[sərváivər]
- 명 살아남은 사람, 생존자

199 □ **crash**
[kræʃ]
- 명 추락, 격돌
- 동 부서지다

200 □ **defy**
[difái]
- 동 거부하다, 무시하다
- * defiant 형 도전적인, 반항적인
- * defiance 명 도전, 무시, 반항적 태도

201 □ **imagination**
[imædʒənéiʃən]
- 명 상상
- « defy **imagination** 상상을 거부하다
- * imagine 동 상상하다, 생각하다
- * imaginative 형 상상력이 풍부한

042

"Leave me alone. It's none of your business [Mind your own business]" he retorted.

"날 혼자 내버려 둬. 네가 상관할 바 아냐."라고 그가 말했다.

202 □ **mind**
[maind]
- 동 신경 쓰다, 싫어하다, 주의하다
  Would you **mind** ~ing? ~해주지 않겠습니까?
  Would you **mind** my ~ing? ~해도 괜찮습니까?

203 □ **retort**
[ritɔ́ːrt]
- 동 말대꾸하다, 반박하다

043

> We had better give priority to solving urban congestion.
>
> 우리는 도시의 인구집중을 해결하는 데에 우선권을 부여하는 게 좋겠다.

204 □ **priority**
[praiɔ́:rəti]
- 명 우선권, 우선사항
- « give **priority** to ~에게 우선권을 주다
- * prior 형 앞의 (⇔posterior 나중의)

205 □ **solve**
[salv]
- 동 풀다, 해결하다
- * solution 명 해답, 해결(법)

206 □ **urban**
[ə́:rbən]
- 형 도시의 (⇔rural 시골의)

207 □ **congestion**
[kəndʒéstʃən]
- 명 밀집, 혼잡
- * congest 동 밀집시키다

044

> All animals exhibit emotion, that is, they show anger or sorrow.
>
> 모든 동물은 감정을 표현한다. 즉 그들은 분노나 슬픔을 나타낸다.

208 □ **exhibit**
[igzíbit]
- 동 나타내다, 전시하다
- * exhibition 명 전람회, 전시회

209 □ **emotion**
[imóuʃən]
- 명 감정, 감동
- * emotional 형 감정의, 감정적인

210 □ **that is
     (to say)**
- 즉, 말하자면

211 □ **anger**
[ǽŋɡər]
- 명 분노
- * angry 형 화난

212 □ **sorrow**
[sárou]
- 명 슬픔
- * sorrowful 형 슬픈

045

Physical fitness can reduce chronic fatigue and mental stress.

육체적으로 건강해지면 만성적인 피로나 정신적인 스트레스가 감소한다.

213 □ **physical**
[fízikəl]
형 육체의, 물질의

214 □ **fitness**
[fítnis]
명 건강함, 체력, 적성
* fit 형 적합한, 좋은 건강 상태인
     동 딱 맞다, 적합하다

215 □ **reduce**
[ridʒúːs]
동 감소시키다
* reduction 명 감소, 축소

216 □ **chronic**
[kránik]
형 만성적인 (⇔acute 급성의)

217 □ **fatigue**
[fətíːg]
명 피로

218 □ **mental**
[méntl]
형 정신적인, 지능의
* mentality 명 정신력, 지성

219 □ **stress**
[stres]
명 스트레스, 압박감
동 강조하다

046

He could not accomplish his end due to the shortage of funds.

그는 자금 부족 때문에 목적을 달성할 수 없었다.

220 □ **accomplish**
[əkámpliʃ]
동 달성하다, 이루다
* accomplishment 명 달성, 수행, 공적

221 □ **end**
[end]
명 목적, 가장자리, 끝

222 □ **due to**	~때문에 [원인·이유]
	« be **due to** ~하기로 되어 있다
	He is **due to** lecture tomorrow.
	그는 내일 강연할 예정입니다.

223 □ **shortage**	명 부족, 결핍
[ʃɔ́ːrtidʒ]	* short 형 부족한
	« be **short** of ~이 부족한 상태이다
	« run **short** of 부족하다, 없어지다
	« fall[come] **short** of 부족하다, (기대에)어긋나다

224 □ **fund**	명 자금, 기금, 축적
[fʌnd]	« a **fund** of A A의 축적, 풍부한 A

047

Though he is fairly well off he is frugal; he resembles his dad in that respect.

그는 꽤 부유하지만 검소한데, 그 점에 있어서는 그의 아빠를 닮았다.

225 □ **fairly**	부 꽤, 공평하게
[féərli]	* fair 형 공평한

226 □ **frugal**	형 검소한, 절약하는
[frúːgəl]	* frugality 명 검소, 검약

227 □ **resemble**	동 닮다
[rizémbl]	* resemblance 명 유사, 유사점

228 □ **dad**	명 아빠 (daddy) (⇔mom)
[dæd]	

229 □ **respect**	명 존경, 점 (point)
[rispékt]	동 존경하다
	* respectful 형 경의를 표하는, 정중한
	* respectable 형 존경할 만한, 착실한

048

He was about to be involved in a traffic accident,
but had a narrow escape.

그는 하마터면 교통사고에 휘말릴 뻔 했으나 간신히 위기에서 벗어났다.

230 □ **traffic**
[trǽfik]
- 형 교통의
- 명 교통(량), 왕래
- ≪ a **traffic** jam   교통 체증
  The **traffic** is heavy on the street.
  그 거리는 교통량이 많다.

231 □ **accident**
[ǽksədənt]
- 명 사고, 우연
- ≪ a traffic **accident**   교통사고
- ✱ accidental   형 우연의, 생각지도 못한

232 □ **narrow**
[nǽrou]
- 형 가까스로의, 폭이 좁은
- ✱ narrowly   부 간신히, 겨우

233 □ **escape**
[iskéip]
- 명 벗어남, 탈출
- 동 도망치다, 벗어나다
- ≪ have a narrow **escape**
  간신히 면하다, 구사일생하다
- ≪ **escape** ~ing   ~하는 것에서 벗어나다

049

If you have strong moral principles, you can
overcome temptation.

도덕적 신념이 강하면 유혹을 이겨낼 수 있다.

234 □ **moral**
[mɔ́:rəl]
- 형 도덕적인 (virtuous), 도덕의
- 명 교훈

235 □ **principle**
[prínsəpl]
- 명 신념, 주의
- ☞ principal   형 주요한   명 교장

236 □ **overcome**   동 이기다, 극복하다
[òuvərkʌ́m]

237 □ **temptation**   명 유혹
[temptéiʃən]
   * tempt   동 유혹하다
   « **tempt** A to ~
     A에게 ~할 마음을 불러 일으키다

050

No sooner had the idea occurred to her than she put it into action.

생각이 떠오르자마자 그녀는 곧 그 생각을 행동으로 옮겼다.

238 □ **idea**   명 생각, 착상, 의견
[aidí:ə]

239 □ **occur**   동 일어나다, 마음에 떠오르다
[əkə́:r]
   * occurrence   명 발생, 사건

051

He never recovered his lost honor, and died in poverty.

그는 잃어버린 명예를 두 번 다시 회복하지 못하고 가난 속에서 생을 마감했다.

240 □ **recover**   동 회복하다, 되찾다
[rikʌ́vər]
   « **recover** from   ~에서 회복하다
   * recovery   명 되찾음, 회복

241 □ **honor**   명 명예, 존경
[ánər]
   동 존경하다, 영예를 부과하다
   * honorable   형 존경할 만한, 훌륭한

242 □ **poverty**   명 빈곤, 가난
[pávərti]

052

> The clergyman has a marvelous insight into human nature.
>
> 그 목사는 인간성을 통찰하는 놀라운 능력을 갖고 있다.

243 ☐ **clergyman**
[klə́:rdʒimən]
 명 목사, 성직자

244 ☐ **marvelous**
[má:rvələs]
 형 놀랄 만한, 훌륭한
 * marvel 명 놀라운 일, 경이
   동 경탄하다

245 ☐ **insight**
[ínsàit]
 명 통찰(력), 직관(력)

246 ☐ **nature**
[néitʃər]
 명 본바탕, 천성, 본성
 « human **nature** 인간성

053

> By the irony of fate I found myself in the same plight.
>
> 운명의 장난으로, 나도 같은 곤경에 처해 있었다.

247 ☐ **irony**
[áiərəni]
 명 풍자, 빈정대는 태도 , (운명 등의) 예상외의 전개
 * ironic, ironical 형 반어적인

248 ☐ **fate**
[feit]
 명 운명

249 ☐ **plight**
[plait]
 명 곤경, 궁지

054

"Was she a nuisance?" "Far from it. She was only too anxious to help."

"그녀는 귀찮은 존재였나?" "당치도 않아. 그녀는 아주 열심히 돕고 있었어."

250 ☐ **nuisance** [njúːsns]	명 귀찮음, (a~) 성가신 (귀찮은) 사람 (물건)	
251 ☐ **far from it**	당치도 않다, 그런 일은 절대로 없다 ≪ far from 결코 ~이 아니다	
252 ☐ **only too**	기꺼이, 더할 나위 없이	

055

In some families, the tendency to have twins seems to be a hereditary trait.

일부 가족에게는 쌍둥이를 낳는 경향이 유전적인 특징인 것 같다.

253 ☐ **tendency** [téndənsi]	명 경향, 성향 ✻ tend 동 ~하는 경향이 있다	
254 ☐ **twin** [twin]	명 쌍둥이의 한 사람, [~s] 쌍둥이	
255 ☐ **hereditary** [hərédətèri]	형 유전적인 (inherited) ✻ heredity 명 유전 ☞ '유산'은 heritage	
256 ☐ **trait** [treit]	명 특색, 특징	

056

As their name implies, the cowboys were primarily occupied in looking after cows.

이름이 의미하는 대로, 카우보이는 주로 소를 돌보는 일에 종사하고 있었다.

---

257 □ **imply**
[implái]
- 동 의미하다, 암시하다
- * implication 명 의미, 암시

258 □ **cowboy**
[káubɔ̀i]
- 명 카우보이, 소치는 사람
- * cow 명 암소, 젖소
- ☞ ox 《복》oxen (거세한) 황소, bull은 (거세하지 않은) 황소

259 □ **primarily**
[práimerəli]
- 부 주로, 첫번째로
- * primary 형 주요한, 첫번째의

260 □ **occupy**
[ákjupài]
- 동 점령하다, 차지하다, 종사하다
- « be **occupied** in ~에 종사하다, ~로 바쁘다
- * occupation 명 직업, 업무, 종사

261 □ **look after**
- 돌보다

057

The study of the subject belongs properly to the domain of another science.

그 주제의 연구는 다른 과학의 영역에 속해야 마땅하다.

---

262 □ **subject**
[sʌ́bdʒikt]
- 명 주제, 문제
- 형 (~의) 영향을 받는, 복종하는
- * subjective 형 주관적인 (⇔objective 객관적인)

263 □ **belong**
[bilɔ́ːŋ]
- 동 속하다, ~의 소유이다
- * belongings 형 소지품, 재산

264 ☐ **properly**
[prápərli]

- 부 마땅히, 올바르게
- * proper 형 적합한, 적당한, 고유의

265 ☐ **domain**
[douméin]

- 명 영역, 영지

266 ☐ **another**
[ənʌ́ðər]

- 형 다른, 또 하나의
- 대 또 하나의 것(사람), 다른 것(사람)

058

Something is interfering with the circulation of the blood in the veins.

무엇인가 정맥 내의 혈액 순환을 방해하고 있다.

267 ☐ **interfere**
[ìntərfíər]

- 동 방해하다, 간섭하다
- « **interfere** with ~을 방해하다, 간섭하다
- * interference 명 간섭, 방해

268 ☐ **circulation**
[sə̀ːrkjuléiʃən]

- 명 순환, 발행부수
- * circulate 동 순환시키다
- * circular 형 원형의, 순환적인

269 ☐ **blood**
[blʌd]

- 명 혈액, 피
- * bloody 형 피투성이의
- * bleed 동 출혈하다

270 ☐ **vein**
[vein]

- 명 정맥 (⇔artery 동맥)

059 □ innate capacity — 천성적인 능력
□ acquire language — 언어를 습득하다

060 □ positive attitude — 적극적인 태도
□ triumph over *one's* severe handicap — 심각한 장애를 극복하다

061 □ transition from adolescence to adulthood — 청년기에서 성인기로의 이행

062 □ priceless treasures — 대단히 귀중한 보물

063 □ delay progress — 진보[전진]를 더디게 하다
□ energy conservation — 에너지 보존

064 □ improve *one's* goods — 상품을 개선하다

065 □ be indifferent to one's appearance — 옷차림에 무관심하다

066 □ clash of opinion — 의견 충돌

067 □ create infinite anxiety — 매우 큰 불안을 야기하다

068 □ cure one of *one's* disease — 질병을 고치다

069 □ lack of discipline — 훈련의 부족

070 □ revise the manuscript — 원고를 교정하다

071 □ territorial dispute — 영토 분쟁

072	☐ **mechanical engineer**	기계공
	☐ **internal workings**	내부의 기능
073	☐ **domestic production**	국내 생산
	☐ **meet all *one's* demands**	수요를 모두 충족시키다
074	☐ **nuclear power plant**	원자력 발전소
	☐ **emit radioactive particles**	방사성 입자를 배출하다
075	☐ **startling news**	깜짝 놀라게 하는 뉴스
	☐ **assume a cheerful manner**	즐거운 듯한 태도를 취하다
076	☐ **stimulate *one's* appetite**	욕구를 자극하다
077	☐ **long spell of dry weather**	장기간의 가뭄
	☐ **widespread famine**	광범위한 (지역의) 기근
078	☐ **analyze the vital points**	요점을 분석하다
079	☐ **adhere to the initial project**	당초 계획을 고집하다
	☐ **construct an assembly plant**	조립 공장을 짓다
080	☐ **make sound investments**	안전한 투자를 하다
081	☐ **adopt a resolution**	결의안을 채택하다
	☐ **glorious cultural heritage**	훌륭한 문화 유산
082	☐ **embark on colonial conquest**	식민지 정복에 착수하다
083	☐ **during the depression**	불황일 동안에
	☐ **advent of a hero**	영웅의 출현

059

Human infants are endowed with an innate
capacity to acquire language.

유아에게는 천성적으로 언어를 습득하는 능력이 갖춰져 있다.

---

271 ☐ **infant**
[ínfənt]

- 명 유아, 아기
- * infancy   명 유아기, 유년

---

272 ☐ **endow**
[indáu]

- 동 재능을 부여하다, 기금을 기부하다
- « be **endowed** with   ~을 타고나다, ~이 부여되다
- « **endow** a college   대학에 기금을 기부하다

---

273 ☐ **innate**
[inéit]

- 형 천성적인 (⇔acquired 후천적인)

---

274 ☐ **capacity**
[kəpǽsəti]

- 명 능력, 수용능력, 학습능력
- ☞ ability는 타고나거나 노력해서 얻은 모든 능력
  capacity는 가능성은 있지만 개발하지 않은 수용능력
- * capable   형 유능한, ~의 능력이 있는

---

275 ☐ **acquire**
[əkwáiər]

- 동 습득하다, 획득하다
- * acquisition   명 획득, 습득

---

276 ☐ **language**
[lǽŋgwidʒ]

- 명 언어, 말

060

A positive attitude enabled him to triumph over
his severe handicap.

적극적인 태도로 그는 심각한 장애를 극복해 낼 수 있었다.

---

277 ☐ **positive**
[pázətiv]

- 형 적극적인, 긍정적인 (⇔negative 소극적인)

---

278 ☐ **attitude**
[ǽtitjùːd]

- 명 태도, 사고방식

279 ☐ **triumph**	동 이겨내다, 승리를 얻다
[tráiəmf]	명 대승리, 정복
	✳ triumphant 형 승리를 얻은

| 280 ☐ **severe** | 형 심한, 엄한 |
| [səvíər] | ✳ severity 명 엄격, 혹독 |

| 281 ☐ **handicap** | 명 장애, 핸디캡 |
| [hændikæp] | ✳ handicapped 형 신체에 장애가 있는 |

061

> Transition from adolescence to adulthood is
> usually accompanied by many problems.
>
> 청년기에서 성인으로 이행하는 데는 일반적으로 많은 문제가 따른다.

282 ☐ **transition**	명 이행, 추이
[trænzíʃən]	✳ transitional 형 변천하는, 과도기의
	✳ transient 형 덧없는, 순간적인

283 ☐ **adolescence**	명 청년기, 사춘기
[ædəlésns]	☞ 대개 teenager의 시기에 해당한다
	✳ adolescent 명 청년 남자[여자], 젊은이
	형 청춘기의, 젊은

| 284 ☐ **adulthood** | 명 성인기, 성인임 |
| [ədʌ́lthùd] | ✳ adult 명 어른, 성인 (grown-up) |

| 285 ☐ **usually** | 부 일반적으로, 보통 |
| [júːʒuəli] | |

| 286 ☐ **accompany** | 동 ~와 함께 가다, 따르게 하다, ~을 수반하다 |
| [əkʌ́mpəni] | ✳ accompaniment 명 수반, 반주 |

062

> **These** priceless treasures lay hidden **in the** royal tomb.
>
> 대단히 귀중한 이들 보물은 왕가의 무덤에 숨겨져 있었다.

---

287 ☐ **priceless**
[práislis]

형 매우 귀중한 (⇔worthless), 값을 매길 수 없는

---

288 ☐ **treasure**
[tréʒər]

명 보물, 귀중품

* treasury   명 보고, 자금

« a **treasury** of wisdom   지식의 보고

« the Department of the **Treasury**
(미국) 재무성

---

289 ☐ **lie**
[lai]

동 눕다, (~의 상태에) 있다

☞ 타동사 lay의 활용·의미와 혼동하지 않도록 주의

lie [자동사] (눕다, 있다)   lie-lay-lain-lying

lay [타동사] (눕히다, 두다) lay-laid-laid-laying

---

290 ☐ **hide**
[haid]

동 숨기다, 숨다

☞ hide-hid-hidden으로 활용

---

291 ☐ **royal**
[rɔ́iəl]

형 왕가의, 왕실의

☞ loyal   형 충성스러운, 성실한

* royalty   명 왕위, 저작권 사용료

---

292 ☐ **tomb**
[tu:m]

명 무덤, 지하 납골당

☞ grave 명 무덤

063

They fear that this policy may delay progress in energy conservation.

그들은 이 정책이 에너지 보존의 진보를 더디게 할 수 있다고 우려하고 있다.

---

293 ☐ **fear**
[fiər]
- 동 두려워하다, 걱정하다
- 명 공포, 불안
- * fearful 형 무서운, 두려워하는

---

294 ☐ **policy**
[pálǝsi]
- 명 정책, 방침

---

295 ☐ **delay**
[diléi]
- 동 지연시키다, 연기하다
- 명 지연, 연기

---

296 ☐ **progress**
[prágres]
- 명 진보, 전진
- 동 전진하다, 진보하다
- « make **progress** 진보하다
- * progressive 형 진보적인 (⇔ conservative)

---

297 ☐ **energy**
[énǝrdʒi]
- 명 에너지, 활력
- * energetic 형 정력적인

---

298 ☐ **conservation**
[kànsǝrvéiʃǝn]
- 명 보존, 보호
- * conserve 동 보호하다, 보존하다
- * conservative 형 보수적인
    명 보수적인 사람

064

Advertising also encourages makers to improve their goods continually.

광고는 또한 제조업체를 장려하여 그들의 상품을 끊임없이 개선하도록 한다.

---

299 ☐ **advertising**
[ǽdvərtàiziŋ]

圀 광고, 광고업
* advertise ⑤ ~을 광고하다, 선전하다
* advertisement ⑲ 광고

300 ☐ **encourage**
[enkə́:ridʒ]

⑤ (~의) 용기를 북돋우다, 장려하다
(⇔discourage 낙담시키다)
* encouragement ⑲ 격려, 장려
(⇔ discouragement)

301 ☐ **maker**
[méikər]

⑲ 제조업체, 생산자

302 ☐ **improve**
[imprúːv]

⑤ 개선하다, 숙달시키다
* improvement ⑲ 개량, 개선

303 ☐ **goods**
[gúdz]

⑲ 상품, 물건

304 ☐ **continually**
[kəntínjuəli]

⑭ 끊임없이, 빈번하게
* continual ⑱ 계속적인, 빈번한
* continuous ⑱ 끊임없는, 연속적인

065

Our mayor is quite indifferent[unconcerned] to his appearance.

우리 시장은 옷차림에 아주 무관심하다.

---

305 ☐ **mayor**
[méiər]

⑲ 시장, 읍장

| 306 □ **indifferent** | 형 무관심한 (⇔interested 흥미 있는) |
| [indífərənt] | * indifference 명 무관심 |

307 □ **unconcerned**	형 (~에) 무관심한, 무심한
[ʌ̀nkənsə́:rnd]	* concern 동 걱정시키다, ~에 관계하다
	명 관심, 걱정, 근심

308 □ **appearance**	명 외관, 겉모습, 출현
[əpíərəns]	(⇔disappearance 소실, 실종)
	* appear 동 나타나다, ~처럼 보이다

066

> It looks like a clash of opinion between the two
> is inevitable.
>
> 두 사람의 의견 충돌은 피할 수 없는 것 같다.

| 309 □ **clash** | 명 충돌, 쨍그랑 하는 소리 |
| [klæʃ] | 동 충돌하다, 쨍그랑 하는 소리를 내다 |

| 310 □ **opinion** | 명 의견, 견해 |
| [əpínjən] | ≪ in my **opinion** 내 견해로는 |

| 311 □ **inevitable** | 형 피할 수 없는 |
| [inévətəbl] | |

067

Doubt **about one's** identity creates infinite anxiety.

자신의 정체성에 관한 의심은 매우 큰 불안을 야기한다.

---

312 ☐ **doubt**
[daut]

- 명 의심
- « no **doubt** 아마, 필시
  의심의 여지 없이, 확실히
- 동 의심하다
- * doubtful 형 의심스러운, 의심하고 있는

---

313 ☐ **identity**
[aidéntəti]

- 명 정체성, 독자성, 동일인[물]임

---

314 ☐ **create**
[kriéit]

- 동 야기하다, 창조하다
- * creation 명 창조, 창작
- * creature 명 생물, 창조물
- * creative 형 창조적인

---

315 ☐ **infinite**
[ínfənət]

- 형 무한의, 무수한 (⇔finite 유한한),
  매우 큰, 막대한

---

316 ☐ **anxiety**
[æŋzáiəti]

- 명 불안, 걱정, 절망
- * anxious 형 걱정하는, 몹시 ~하고 싶어하는

068

No doctor, however good, knew how to cure (him of) his puzzling disease.

아무리 유명한 의사라 하더라도 그의 영문 모를 질병을 어떻게 고쳐야 할 지 몰랐다.

---

317 ☐ **cure**
[kjuər]

- 동 고치다, 치료하다
- 명 치료, 치료법
- « **cure** A of B A(사람)의 B(병 등)를 치료하다

318 □ **puzzling**
[pʌ́zliŋ]

형 곤혹하게 하는, 영문 모를
* puzzle 동 당황하게 하다
　　　　　명 어려운 문제, 퍼즐

319 □ **disease**
[dizíːz]

명 병, 질병
[dis (~하지 않다) + ease (안락) : 안락하지 않은 상태]

069

They attributed his selfishness to his mother's
lack of discipline during his childhood.

그들은 그의 이기적인 행동의 원인이 어린 시절에 어머니의 가르침이 부족한
탓이라고 했다.

320 □ **attribute**
[ətríbjuːt]

동 (~의 원인을) ~에 귀착시키다, ~의 탓으로 하다
명 속성, 특질

321 □ **selfishness**
[sélfiʃnis]

명 이기심, 방자함
* selfish 형 제멋대로인, 이기적인

322 □ **lack**
[læk]

명 부족, 결핍
동 ~이 결여되어 있다

323 □ **discipline**
[dísəplin]

명 훈련, 기율, 징계
* disciple 명 제자

324 □ **childhood**
[tʃáildhùd]

명 어린 시절, 유년
☞ infancy (유년기)와 youth (청년기)의 사이

070

I am indebted to her for revising the manuscript.

나는 그녀가 원고를 교정해 준 것에 대해 감사하고 있다.

325 ☐ **indebted** [indétid]	형	빚이 있는, 신세를 진
	∗	debt [det] 명 빚, 부채
326 ☐ **revise** [riváiz]	동	교정하다, 개정하다
	≪	a **revised** edition 개정판
	∗	revision 명 개정, 교정
327 ☐ **manuscript** [mǽnjuskrìpt]	명	원고, 사본
		[manu (=hand) + script (쓰여지다)]

071

Korea cannot be so generous as to concede its claim in the territorial dispute.

한국은 영토의 분쟁에서 자기측 주장을 양보할 만큼 관대해질 수 없다.

328 ☐ **generous** [dʒénərəs]	형	관대한, 마음 좋은
	∗	generosity 명 아량, 관대
329 ☐ **concede** [kənsíːd]	동	양보하다, 인정하다
	∗	concession 명 양보, 용인
330 ☐ **claim** [kleim]	명	주장, 요구
	동	요구하다, 주장하다
331 ☐ **territorial** [tèrətɔ́ːriəl]	형	영토의, 토지의
	∗	territory 명 영지, 영토
332 ☐ **dispute** [dispjúːt]	명	논쟁, 분쟁
	동	논쟁하다, 말다툼하다

072

The mechanical engineer illustrated the internal workings of the machine.

그 기계공은 기계 내부의 기능을 설명했다.

---

333 ☐ **mechanical**
[məkǽnikəl]

형 기계의, 기계적인
* mechanic 명 기계공, 수리공
* mechanism 명 (작은) 기계장치, 구조

---

334 ☐ **engineer**
[éndʒəníər]

명 기사, 기술자
* engineering 명 공학
<< electronic **engineering** 전자공학

---

335 ☐ **illustrate**
[íləstrèit]

동 설명하다, 삽화를 넣다
* illustration 명 삽화, 도해, 설명

---

336 ☐ **internal**
[intə́:rnl]

형 내부의, 국내의

---

337 ☐ **working**
[wə́:rkiŋ]

명 기능, 일하는 것
형 일하는

---

338 ☐ **machine**
[məʃíːn]

명 기계, 기계장치
<< a sewing **machine** 미싱
* machinery 명 장치, [집합적] 기계류

073

> Domestic production alone cannot meet all our demands.
>
> 국내의 생산만으로는 우리의 수요를 모두 충족시킬 수 없다.

339 □ **domestic**
[dəméstik]
- 형 국내의, 가정의, 길들여진
- * domesticate 동 길들이다

340 □ **production**
[prədʌkʃən]
- 명 생산, 제조, 생산량
- * produce 동 생산하다
- * productive 형 생산적인, 생산력 있는
- * product 명 생산, 제품, 소산

341 □ **alone**
[əloun]
- 부 홀로, 단독으로, 다만
- 형 혼자서[의], ~뿐

342 □ **meet**
[miːt]
- 동 충족시키다, (우연히) 만나다

343 □ **demand**
[dimǽnd]
- 명 수요, 요구
- « supply and **demand** 수요와 공급
- 동 강하게 요구하다, 청구하다

074

> After the earthquake the nuclear power plant was emitting radioactive particles.
>
> 지진 발생 후, 원자력 발전소는 방사성 입자를 배출하고 있었다.

344 □ **earthquake**
[ə́ːrθkwèik]
- 명 지진
- [earth (대지) + quake (흔들림)]

345 □ **nuclear**
[njúːkliər]
- 형 원자력의, 핵의
- « **nuclear** weapon 핵무기
- « **nuclear** waste 핵폐기물
- * nucleus 명 핵, 중심 부분

| 346 ☐ **power** | 명 (에너지를 내는) 힘, 동력, |
| [páuər] | 능력, 강대국 |

| 347 ☐ **plant** | 명 발전소, 공장, 식물 |
| [plænt] | « nuclear power **plant** 원자력 발전소 |

| 348 ☐ **emit** | 동 (열·빛 등을) 방출하다, 내다 |
| [imit] | * emission 명 (열·빛·가스 등의) 방출, 배출 |

| 349 ☐ **radioactive** | 형 방사성의 |
| [rèidiouæktiv] | * radioactivity 명 방사능 |

| 350 ☐ **particle** | 명 입자, 작은 알갱이, 미량 |
| [pá:rtikl] | |

075

For all the startling news, he assumed a cheerful manner.

깜짝 놀라게 하는 뉴스를 듣고도 그는 즐거운 듯한 태도를 취했다.

| 351 ☐ **startling** | 형 깜짝 놀라게 하는, 놀라운 |
| [stá:rtliŋ] | * startle 동 깜짝 놀라게 하다 |

| 352 ☐ **assume** | 동 가장하다, ~인 체하다 |
| [əsú:m] | * assumption 명 사실이라고 생각함, 가설 |

| 353 ☐ **cheerful** | 형 즐거운, 기분 좋은, 기운찬 |
| [tʃíərfəl] | |

| 354 ☐ **manner** | 명 태도, 방법 |
| [mǽnər] | |

076

> I know of nothing better to stimulate one's appetite than this stupid sort of prohibition.
>
> 이 어리석은 금지만큼이나 인간의 욕구를 자극하는 것을 나는 알지 못한다.

355 ☐ **stimulate**
[stímjulèit]
- 동 자극하다, 격려하다
- * stimulus   명 자극

356 ☐ **appetite**
[ǽpətàit]
- 명 욕구, 식욕

357 ☐ **stupid**
[stjúːpid]
- 형 어리석은, 바보스러운
- * stupidity   명 어리석음

358 ☐ **sort**
[sɔːrt]
- 명 종류
- « a **sort** of A   A의 한 종, A와 같은 것

359 ☐ **prohibition**
[pròuhəbíʃən]
- 명 금지
- * prohibit   동 금지하다

077

> The long spell of dry weather threatens widespread famine.
>
> 장기간의 가뭄으로 광범위한 지역의 기근이 우려된다.

360 ☐ **spell**[1]
[spel]
- 명 (날씨 등이 계속되는) 기간
- * spell[2]   명 주문
- * spell[3]   동 철자를 말하다

361 ☐ **dry**
[drai]
- 형 건조한, 비가 오지 않는

362 ☐ **weather** [wéðər]	명 날씨, 기상
	☞ climate는 장기간에 걸친 기후
	« **weather** permitting 날씨가 좋으면

| 363 ☐ **threaten** [θrétn] | 동 ~할 우려가 있다, 협박하다 |
| | * threat 명 위협, 협박 |

| 364 ☐ **widespread** [wàidspréd] | 형 광범위한, 널리 퍼진 |

| 365 ☐ **famine** [fǽmin] | 명 기근, 굶주림 |

078

He has the ability to discern and analyze the
vital points of the technique.

그에게는 그 기술의 요점을 분별하고 분석하는 능력이 있다.

| 366 ☐ **ability** [əbíləti] | 명 능력 |
| | * able 형 ~할 수 있는, 유능한 |

| 367 ☐ **discern** [disə́:rn] | 동 분별하다, 알다 |

| 368 ☐ **analyze** [ǽnəlàiz] | 동 분석하다 |
| | * analysis 명 분석 |

| 369 ☐ **vital** [váitl] | 형 매우 중요한, 생명의 |
| | * vitality 명 활력, 활기 |

| 370 ☐ **technique** [tekní:k] | 명 기술, 수법 |
| | * technical 형 기술의 |

079

The company adhered to the initial project to construct an assembly plant.

그 회사는 조립 공장을 세운다는 당초의 계획을 고집했다.

371 ☐ **company** [kʌ́mpəni]	명 회사, 동료
372 ☐ **adhere** [ədhíər]	동 고수하다, 들러붙다 ＊ adherence 명 고수, 충실 ＊ adhesive 형 점착성의
373 ☐ **initial** [iníʃəl]	형 최초의, 초기의
374 ☐ **project** [prɑ́dʒekt]	명 계획, 사업 동 계획하다
375 ☐ **construct** [kənstrʌ́kt]	동 건설하다, 조립하다 ＊ construction 명 건설 ＊ constructive 형 건설적인
376 ☐ **assembly** [əsémbli]	명 조립, 집회 ＊ assemble 동 조립하다, 모으다
377 ☐ **plant** [plænt]	명 공장, 발전소

080

It is evident that investors were deceived into thinking they were making sound investments.

투자가들이 속아서 자신들이 안전한 투자를 하고 있는 것이라고 굳게 믿고 있는 것이 분명하다.

378 ☐ **evident** [évədənt]	형 명백한, 분명한 ＊ evidence 명 증거

379 □ **investor**
[invéstər]
- 명 투자가, 출자자
- ＊ invest 동 투자하다

380 □ **deceive**
[disí:v]
- 동 속이다
- ＊ deceit 명 사기, 기만
- ＊ deception 명 속임, 사기

381 □ **sound**
[saund]
- 형 안전한, 건전한

382 □ **investment**
[invéstmənt]
- 명 투자, 출자
- « make an **investment** 투자하다

081

The scholars have adopted a resolution to do all they can to protect a glorious cultural heritage.

학자들은 훌륭한 문화 유산을 지키기 위해 전력을 다한다는 결의안을 채택했다.

383 □ **scholar**
[skálər]
- 명 학자
- ＊ scholarship 명 장학금

384 □ **adopt**
[ədɑpt]
- 동 채택하다, 채용하다
- ☞ adapt 동 적응시키다, 개작하다
- ＊ adoption 명 채택, 채용

385 □ **resolution**
[rèzəlú:ʃən]
- 명 결의, 결심
- ＊ resolve 동 결심하다
- ＊ resolute 형 단호한, 의지가 굳은

386 □ **protect**
[prətékt]
- 동 지키다, 보호하다
- ＊ protection 명 보호

387 □ **glorious**
[glɔ́:riəs]
- 형 훌륭한, 빛나는
- ＊ glory 명 영광, 명예

388 □ **heritage**
[héritidʒ]
- 명 유산, 상속 재산

082

Britain embarked on colonial conquest in the late 16th century.

영국은 16세기말에 식민지 정복 사업에 착수했다.

389 □ **Britain**
[brítn]
- 명 영국
- * British 형 영국의, 영국인의
             명 (the ~ [집합적]) 영국민, 영국인

390 □ **embark**
[embáːrk]
- 동 (사업을) 착수하다, 승선하다

391 □ **colonial**
[kəlóuniəl]
- 형 식민지의
- * colony 명 식민지

392 □ **conquest**
[kánkwest]
- 명 정복, 극복
- * conquer 동 정복하다, 극복하다
- * conqueror 명 정복자

393 □ **century**
[séntʃəri]
- 명 1세기, 100년

083

During the depression, everyone looked forward to the advent of a hero.

불황일 때에는 누구나 영웅이 출현하기를 기대했다.

394 □ **depression**
[dipréʃən]
- 명 불황, 우울, 불경기
- * depress 동 경기를 나쁘게 만들다, 낙담시키다

395 □ **look forward to**
- ~을 기대하다, (기대를 갖고) 기다리다

396 □ **advent**
[ǽdvent]
- 명 (중요한 인물·사건의) 출현, 도래

397 □ **hero**
[híərou]
- 명 영웅, 주인공
- * heroic 형 영웅적인, 용맹스러운
- * heroine 명 여걸, 여주인공

The real fault is to have faults and
not to amend them.

진짜 결점은 자신의 결점을 알면서도 고치려고
노력하지 않는 것이다.

084	□ **worship *one's* great sovereign**	위대한 군주를 숭배하다
085	□ **brush *one's* teeth**	이를 닦다
086	□ **vertical cliff**	(수직으로) 깎아지른 절벽
	□ **overlook a rocky beach**	바위로 뒤덮인 해변을 내려다 보다
087	□ **brutal homicide**	흉악한 살인범
	□ **break (out of) prison**	탈옥하다
088	□ **bankrupt company**	파산한 회사
	□ **huge corporation**	거대한 기업체
089	□ **divine punishment**	신이 내린 벌
090	□ **suspicious-looking man**	수상쩍어 보이는 남자
	□ **rob a woman of her purse**	여자의 지갑을 훔치다
091	□ **burst into tears**	갑자기 울기 시작하다
092	□ **average attendance**	평균 입장자수[관객수]
	□ **science fiction movie**	SF 영화
093	□ **familiar voice**	귀에 익은 목소리
094	□ **price tag**	정가표
095	□ **assert *one's* rights**	권리를 주장하다
	□ **neglect *one's* duties**	의무를 소홀히 하다
096	□ **have the command of the seven seas**	7개의 바다를 지배하다

097	☐ be free from vanity	허영심이 없다
099	☐ theory and practice ☐ go together	이론과 실천 병행하다
100	☐ local branch (office) ☐ head office	지방 지사[지점] 본사
101	☐ tremble with shame	수치심으로 몸을 떨다
102	☐ be confined to bed ☐ with *one's* limbs paralyzed	병상에 누워 있다 수족이 마비되어
103	☐ breeding program	번식계획
105	☐ basic skills ☐ car maintenance	기본 기술 자동차 정비
107	☐ support of the public ☐ survive the revolt	국민의 지지 반란에서 살아남다
108	☐ the latest advances in medicine	최근의 의학 진보
109	☐ deadly weapon ☐ naval warfare	치명적인 무기 해전
110	☐ bump into the doorframe	문턱에 부딪치다
111	☐ The truth is that ~ ☐ generally speaking	사실은 ~이다 일반적으로 말하자면

084

They worshiped and obeyed their great sovereign [monarch].

그들은 자신들의 위대한 군주를 숭배하고 따랐다.

398 □ **worship** [wə́:ríip]	동 숭배하다 명 숭배, 존경
	« idol **worship** 우상숭배
399 □ **obey** [oubéi]	동 따르다
	* obedience 명 순종, 복종
	* obedient 형 순종적인
400 □ **sovereign** [sávərən]	명 군주, 원수
	형 군주의, 주권을 지닌
401 □ **monarch** [mánərk]	명 군주
	☞ emperor(황제), empress(황후), king, queen 등
	* monarchy 명 군주정치

085

I am in the habit of brushing my teeth after a meal.

나는 식사 후에 이를 닦는 습관이 있다.

402 □ **habit** [hǽbit]	명 습관, 버릇
	« be in the **habit** of ~ing
	~하는 버릇이 있다, ~하는 것이 습관이다
403 □ **brush** [brʌʃ]	동 닦다, 솔질하다
	☞ blush 동 얼굴을 붉히다
	명 솔, 붓
404 □ **teeth** [ti:θ]	명 '치아(tooth)'의 복수형
405 □ **meal** [mí:l]	명 식사

086

The vertical cliff overlooks a rocky beach.

수직으로 깎아지른 절벽이 바위로 뒤덮인 해변을 내려다 보고 있다.

406 □ **vertical** [vɔ́ːrtikəl]	형	수직의 (⇔horizontal 수평의), 곧추선
407 □ **cliff** [klif]	명	절벽
408 □ **overlook** [òuvərlúk]	동	내려다 보다, 간과하다
409 □ **rocky** [rɑki]	형 *	바위가 많은, 바위로 된 rock 명 바위, 암석
410 □ **beach** [bíːtʃ]	명 ☞	해변 coast (바다와 접해 있는 연안)의 일부로 해수욕, 낚시, 휴양을 즐길 수 있는 해변

087

A brutal homicide was captured trying to break prison.

어느 흉악한 살인범이 탈옥하려다 붙잡혔다.

411 □ **brutal** [brúːtl]	형 *	흉악한, 야만적인 brute 명 짐승, 짐승같은 사람
412 □ **homicide** [hɑ́məsàid]	명	살인범, 살인
413 □ **capture** [kǽptʃər]	동 *	붙잡다 captive 명 포로, 인질
414 □ **prison** [prizn]	명 « *	교도소, 구치소 break **prison** 탈옥하다 prisoner 명 죄수

088

He transformed the bankrupt company into a
huge corporation.

그는 파산한 회사를 거대한 기업체로 바꾸었다.

415 □ **transform**
[trænsfɔ́ːrm]
- 동 변화시키다, 완전히 바꾸다
- ＊ transformation 명 변화, 변형

416 □ **bankrupt**
[bǽŋkrʌpt]
- 형 파산한 명 파산자, 지불 불능자
- ≪ go **bankrupt** 파산하다
- ＊ bankruptcy 명 파산(상태), 도산

417 □ **huge**
[hjúːdʒ]
- 형 거대한, 막대한

418 □ **corporation**
[kɔ̀ːrpəréiʃən]
- 명 주식회사, 유한회사, 법인
- ☞ cooperation 명 협력

089

Our ancestors saw an epidemic as an act of divine
punishment.

우리의 조상은 전염병을 신이 내린 벌이라고 생각했다.

419 □ **ancestor**
[ǽnsestər]
- 명 조상, 선조
- ＊ ancestry 명 [집합적] 선조
  (⇔posterity [집합적] 자손)
- ＊ ancestral 형 선조의, 조상 전래의

420 □ **epidemic**
[èpədémik]
- 명 전염병, 유행
- 형 전염성의

421 □ **act**
[ækt]
- 명 행동, 행위
- ＊ action 명 행동, 행위

422 □ **divine**
[diváin]
- 형 신의 (⇔human 인간의), 신성한
- ＊ divinity 명 신성, 신

423 □ **punishment**
[pʌ́niʃmənt]
- 명 벌, 처벌

090

> The suspicious-looking man acknowledged having robbed an old woman of her purse.
>
> 그 수상쩍어 보이는 남자는 나이든 여자의 지갑을 훔쳤다는 사실을 인정했다.

424 □ **suspicious**
[səspíʃəs]
- 형 수상한, 의심스러운
- « be **suspicious** of ~을 의심하고 있다
- ＊ suspect[səspékt] 동 수상히 여기다, 짐작하다
  [sʌspekt] 명 용의자 형 의심스러운
- ＊ suspicion 명 의심, 혐의

425 □ **-looking**
[-lúkiŋ]
- 형 [복합어로] ~으로 보이는, ~한 얼굴을 한
- « serious-**looking** 심각하게 보이는

426 □ **acknowledge**
[əknálidʒ]
- 동 인정하다
- ＊ acknowledgement 명 인정, 승인

427 □ **purse**
[pə́:rs]
- 명 지갑, 핸드백
- ☞ wallet 명 (일반적으로 남성용 접는 식의) 지갑

091

> As soon as she heard the news, she burst into tears.
>
> 그 소식을 듣자마자 그녀는 갑자기 울기 시작했다.

428 □ **burst**
[bə́:rst]
- 동 파열하다, (감정 등을) 갑작스럽게 표현하다
- 명 파열, (감정의) 격발
- « **burst** into 갑자기 ~하기 시작하다
- « a **burst** of laughter 와 하고 퍼지는 웃음, 폭소

429 □ **tear**
[tiər]
- 명 눈물
- 동 눈물을 짓다

092

The assistant manager calculated the average
attendance at the science fiction movie.

부지배인은 그 SF (공상 과학) 영화의 평균 입장자수[관객수]를 계산해냈다.

---

430 □ **assistant**
[əsístənt]
- 형 부(副)의, 보조의
- 명 조수, 어시스턴트
- * assist   동 돕다, 원조하다
- * assistance   명 원조, 보조

431 □ **manager**
[mǽnidʒər]
- 명 지배인, 경영자, 부장
- « an assistant **manager**
  부지배인

432 □ **calculate**
[kǽlkjulèit]
- 동 계산하다, ~라고 생각하다, 추정하다
- * calculation   명 계산, 추정

433 □ **average**
[ǽvəridʒ]
- 형 평균의, 보통의
- 명 평균
- « on an[the] **average**   평균해서, 대략

434 □ **attendance**
[əténdəns]
- 명 입장자수, 출석, 시중
- * attend   동 ~에 출석하다, ~의 시중을 들다
- * attendant   명 참석자, 수행원
  형 출석한, 수행하는

093

> I was abruptly awakened out of my dream by a familiar voice.
>
> 나는 귀에 익은 목소리를 듣고 갑자기 꿈에서 깨어났다.

435 ☐ **abruptly**
[əbrʌ́ptli]
- 부 갑자기, 불쑥
- ＊ abrupt 형 돌연한, 뜻밖의

436 ☐ **awaken**
[əwéikən]
- 동 깨우다, 자각시키다
- ＊ awakening 명 눈뜸, 깨달음

437 ☐ **familiar**
[fəmíliər]
- 형 낯익은, 잘 알려진
- ≪ be **familiar** to   잘 알려져 있다, 낯익다
- ≪ be **familiar** with   잘 알고 있다, 정통하다
- ＊ familiarity 명 정통, 친밀

094

> The store clerk attached a price tag to each article for sale.
>
> 가게 점원은 상품 하나 하나에 정가표를 붙였다.

438 ☐ **clerk**
[klə́:rk]
- 명 점원, 판매원, 사무원

439 ☐ **attach**
[ətǽtʃ]
- 동 붙이다, 달다 (⇔detach 빼다, 떼어내다)
- ≪ be **attached** to   ~에 애착을 갖고 있다
- ＊ attachment 명 부착, 부속품, 애착

440 ☐ **tag**
[tæg]
- 명 꼬리표, 번호표
- 동 꼬리표를 달다, 값을 매기다

441 ☐ **article**
[ɑ́:rtikl]
- 명 물품, 물건, 기사

095

There are many people who assert be [insist on] their rights but neglect their duties.

자기 권리를 주장하면서도 의무를 소홀히 하는 사람들이 많다.

---

442 □ **assert**
[əsə́:rt]
- 동 주장하다, 단언하다
- * assertion 명 주장, 단언

---

443 □ **insist**
[insíst]
- 동 주장하다, 강요하다 (on)
- * insistence 명 주장, 고집

---

444 □ **right**
[rait]
- 명 권리 (⇔duty 의무), 정의, 정확

---

445 □ **neglect**
[niglékt]
- 동 소홀히 하다, (의무·일 등을) 게을리하다
- 명 태만, 무시
- « **neglect** one's duties   의무를 소홀히 하다
- * negligent   형 태만한, 부주의한
- * negligence   명 태만, 부주의

---

446 □ **duty**
[djú:ti]
- 명 의무, 관세
- « on **duty** 근무중으로
- * duty-free   형 관세 없는

096

The English, in the course of their thriving [prospering] centuries, had the command of the seven seas.

영국인은 그 융성했던 수백년 사이에 7개의 바다를 지배했다.

---

447 □ **in the course of**   ~동안에
- « **in the course of** time
  그러는 동안에, 언젠가는

448 □ **thrive** [θráiv]	동 (사람·사업 등이) 번영[번창]하다(prosper), (식물 등이) 성장하다, 무성해지다
449 □ **command** [kəmǽnd]	명 지배, 명령 동 지배하다, 명령하다, 마음대로 하다 « have a (good) **command** of English 영어를 자유자재로 구사하다

097

> No one is entirely free from vanity, be it cons-
> picuous or subtle.
>
> 눈에 띄든 띄지 않든 허영심이 완전히 없는 사람은 없다.

450 □ **entirely** [intáiərli]	부 전적으로, 완전히 ✳ entire 형 전체의, 완전한 ☞ 「부정어 + entirely」로 '전적으로 ~라는 것은 아니다' 라는 부분부정을 나타낸다.
451 □ **vanity** [vǽnəti]	명 허영심, 자만 ✳ vain 형 자만심이 강한, 쓸데없는
452 □ **conspicuous** [kənspíkjuəs]	형 눈에 띄는, 현저한
453 □ **subtle** [sʌ́tl]	형 희미한, 미묘한, 미세한

098

He is the last man to submit tamely to such an arbitrary decision.

그는 이와 같은 독단적인 결정에 순순히 따를 사람이 아니다.

454 □ **submit**
[səbmít]
- 동 복종하다, 제출하다
- * submission 명 복종, 굴복
- * submissive 형 복종하는

455 □ **tamely**
[téimli]
- 부 순순히, 익숙해져서
- * tame 형 순종하는, 길들여진

456 □ **arbitrary**
[ɑ́ːrbətrèri]
- 형 독단적인, 제멋대로의
- « an **arbitrary** decision 자의적인 결정

457 □ **decision**
[disíʒən]
- 명 결정, 결심
- * decide 동 결심하다, 결정하다

099

Theory and practice do not necessarily go together.

이론과 실천이 반드시 병행하는 것은 아니다.

458 □ **theory**
[θíːəri]
- 명 이론 (⇔practice 실천, 실제)
- * theoretical 형 이론상의, 이론적인

459 □ **practice**
[prǽktis]
- 명 실천, 연습, 습관
- 동 실행하다, 연습하다
- * practical 형 실제적인, 실용적인
- * practically 부 실제적으로, 사실상

460 □ **go together**
- 병행하다, 조화되다
- « Cheese and wine **go together**.
  치즈와 와인은 잘 맞는다.

100

His transfer to the local branch will cause a
vacancy in the head office.

그가 지방 지사로 전근하면 본사에 빈자리가 생길 것이다.

---

461 □ **transfer**
[trǽnsfər]
- 몡 전근, 전학, 이동
- 동 [trænsfə́:r] 옮기다, 전임하다

462 □ **local**
[lóukəl]
- 형 지방의, 공간의

463 □ **branch**
[brǽntʃ]
- 몡 지점, 가지 (⇔trunk 줄기)

464 □ **cause**
[kɔːz]
- 동 ~의 원인이 되다, ~을 야기하다
- « **cause** A to do   A로 하여금 ~하게 하다
- 몡 원인 (⇔effect 결과), 이유

465 □ **vacancy**
[véikənsi]
- 몡 공석, 결원
- * vacant 형 비어 있는,
          사용하지 않는 (⇔ occupied)

---

466 □ **head office**   본사[본부]

101

The student nurse was trembling all over with shame.

견습 간호사는 수치심으로 온 몸을 떨고 있었다.

---

467 ☐ **nurse**
[nəːrs]

- 명 간호사, 유모
- 동 간호하다, 젖먹이다
- ✳ nursery 　명 육아실, 탁아소

---

468 ☐ **tremble**
[trémbl]

- 동 몸을 떨다, 떨리다

---

469 ☐ **all over**

- 부 온 몸에, 온통
- 전 ~의 도처에, ~위에 온통
- ≪ **all over** the country　전국적으로

---

470 ☐ **shame**
[ʃeim]

- 명 수치심, 창피
- ✳ shameful 　형 부끄러운, 치욕적인
- ✳ ashamed 　형 부끄러워, 수치스러워 (of)

102

Many of the victims are still confined to bed with their limbs paralyzed.

피해자들 중의 많은 사람들이 사지가 마비된 채 아직도 병상에 누워 있다.

---

471 ☐ **victim**
[víktim]

- 명 피해자, 희생자, 희생물
- ✳ victimize 　동 희생시키다

---

472 ☐ **confine**
[kənfáin]

- 동 한정하다, 제한하다, 가두다, 감금하다
- ≪ be **confined** to bed
  병상에 눕다, 앓아 누워 있다

---

473 ☐ **limb**
[lim]

- 명 사지, 팔다리, 날개

---

474 ☐ **paralyze**
[pǽrəlàiz]

- 동 마비시키다
- ✳ paralysis 　명 마비, 무력

103

These king penguins were artificially hatched and reared as part of a breeding program.

이들 킹 펭귄들은 번식계획의 일환으로 인공부화되어 사육되었다.

---

475 □ **penguin**
[péŋgwin]
명 펭귄

---

476 □ **artificially**
[ὰːrtəfíʃəli]
부 인공적으로, 부자연스럽게
* artificial 형 인공의 (⇔ natural 자연의)

---

477 □ **hatch**
[hǽtʃ]
동 부화시키다, 까다
명 부화

---

478 □ **rear**
[riər]
동 (동물을) 사육하다, (아이를) 기르다
* rear 명 뒤 (⇔ front)

---

479 □ **breeding**
[bríːdiŋ]
명 번식, 양육
* breed 동 키우다, (새끼를) 낳다
* breeder 명 사육자

---

480 □ **program**(me)
[próugræm]
명 계획, 예정, 프로그램

104

> The plains provided [furnished] the cattle with an abundance of grass to feed on.
>
> 그 평원은 소들에게 먹이가 되는 풍부한 풀을 제공했다.

---

481 ☐ **plain**
[plein]
- 명 평원, 평야
- 형 명백한, 알기 쉬운

---

482 ☐ **provide**
[prəváid]
- 통 공급하다, 제공하다
- « **provided** (that)   만일 ~라면
- * provision   명 공급, 제공, [~s] 식량

---

483 ☐ **furnish**
[fə́ːrniʃ]
- 통 제공하다, 설치하다
- * furniture   명 가구
- * furnishings   명 비품, 가구

---

484 ☐ **cattle**
[kǽtl]
- 명 소, 가축

---

485 ☐ **abundance**
[əbʌ́ndəns]
- 명 풍부함, 많음
- * abundant   형 풍부한, 풍족한

---

486 ☐ **feed on**
- ~을 먹이로 하다
- ☞ live on   주식으로 하다, 먹고 살다
- « **live on** rice   쌀을 주식으로 하다

105

This course introduces beginners to the basic
skills of car maintenance.

이 과정에서는 초심자에게 자동차 정비의 기본 기술을 가르친다.

---

487 ☐ **course**
[kɔːrs]
- 명 과정, 진로, 경과

---

488 ☐ **introduce**
[ìntrədjúːs]
- 동 소개하다, 도입하다
- ∗ introduction 명 소개, 도입

---

489 ☐ **beginner**
[biɡínər]
- 명 초심자 (⇔expert 전문가)

---

490 ☐ **basic**
[béisik]
- 형 기본적인
- 명 [~s] 기초, 기본원리
- ∗ base 명 토대, 기초
  동 ~에 기초를 두다
- ∗ basis 명 기초, 근거
- ≪ on the **basis** of ~에 기초해서

---

491 ☐ **skill**
[skil]
- 명 기술, 기능
- ∗ skilled 형 솜씨 좋은, 숙련된
- ∗ skillful 형 숙련된, 능숙한

---

492 ☐ **maintenance**
[méintənəns]
- 명 유지
- ∗ maintain 동 유지하다

106

> Grammatical prescriptions **cannot** prevail **against** usage.
>
> 문법 규칙이 관용적 용법을 앞설 수 없다.

493 ☐ **grammatical** [grəmǽtikəl]	형	문법의, 문법에 맞는
	✳ grammar	명 문법, 문법서
	☞ glamo(u)r	명 매력, 성적 매력

494 ☐ **prescription** [priskrípʃən]	명	규칙, 처방전
	✳ prescribe	동 규정하다, 처방하다

495 ☐ **prevail** [privéil]	동	우세하다, 이기다
		보급되다, 유행하다
	✳ prevalent	형 유행하는, 널리 퍼진
	✳ prevailing	형 널리 행해지는, 우세한

496 ☐ **usage** [júːsidʒ]	명	관용법, 사용(법)
	« American **usage**	미국 어법

107

> But for the support of the public, the President could not have survived the revolt.
>
> 국민의 지지가 없었다면, 대통령은 반란에서 살아남을 수 없었을 것이다.

497 ☐ **support** [səpɔ́ːrt]	명	지지, 부양
	동	받치다, 지지하다

498 ☐ **public** [pʌ́blik]	명	일반 국민, 대중
	형	공공의 (⇔private), 공개의 (⇔secret)
	« in **public**	공공연히

499 ☐ **president** [prézədənt]	명 대통령, 학장, 사장 ☞ 사람의 직위를 말할 때에는 the President와 같이 대문자로 씀
500 ☐ **survive** [sərváiv]	동 살아남다, ~보다 오래 살다 * survival 명 살아남음, 생존
501 ☐ **revolt** [rivóult]	명 반란, 폭동 동 반란을 일으키다

108

Doctors should keep abreast of all the latest advances in medicine.

의사들은 최근의 모든 의학의 진보에 뒤지지 않고 따라가야 한다.

502 ☐ **abreast** [əbrést]	부 옆으로 나란히, ~와 병행해서 ≪ keep **abreast** of (시세·진보 등에) 뒤지지 않고 따라가다 * breast 명 유방, 가슴
503 ☐ **latest** [léitist]	형 최근의, 최신의 ≪ at (the) **latest** 늦어도
504 ☐ **advance** [ədvǽns]	명 진보, 전진 동 전진하다, 진보하다
505 ☐ **medicine** [médəsin]	명 의학, 내과 (⇔surgery), 약 ≪ take **medicine** 복약하다 * medical 형 의학의, 내과의

109

In those days the torpedo was the deadliest weapon used in naval warfare.

그 당시에는 어뢰가 해전에서 가장 치명적인 무기였다.

506 □ **torpedo**
[tɔːrpíːdou]

명 어뢰, 수뢰
동 어뢰로 공격하다
☞ 「지뢰」는 mine

507 □ **deadly**
[dédli]

형 치명적인, 생명과 관계되는
« a **deadly** weapon   흉기

508 □ **weapon**
[wépən]

명 무기, 병기

509 □ **naval**
[néivəl]

형 해군의 (⇔military 육군의)
☞ navel [néivəl]   명 배꼽
* navy   명 해군
☞ the Army 육군, the Air Force 공군

510 □ **warfare**
[wɔ́ːrfɛ̀ər]

명 전쟁, 전쟁상태
« naval **warfare**   해전

110

Look! You will bump into the doorframe unless you bend down.

이봐! 머리를 숙이지 않으면 문턱에 부딪칠 거야.

511 □ **look**
[luk]

동 이봐, 저런
☞ 상대방의 주의를 환기시킬 때 쓰는 말

512 □ **bump**
[bʌmp]

동 쿵하고 부딪치다

513 □ **doorframe**
[dɔ́:rfrèim]
명 문턱, 상인방
* frame 명 테, 골격
☞ flame 명 불꽃
* framework 명 뼈대, 구성

514 □ **unless**
[ənlés]
접 만일 ~하지 않으면, ~하지 않는 한
☞ unless는 가정법에서는 잘 쓰지 않는다.

515 □ **bend**
[bend]
동 몸을 구부리다 (down)
* bent 형 굽은, ~에 열심인

111

The truth is that, generally speaking, men are rational, and women intuitive.

사실, 일반적으로 말하자면 남성은 이성적이고 여성은 직관적이다.

516 □ **rational**
[rǽʃənl]
형 이성적인, 합리적인
* rationalism 명 이성주의, 합리주의
* rationality 명 합리성

517 □ **intuitive**
[intʃú:ətiv]
형 직관적인, 직관의
* intuition 명 직관

112	☐ **by way of precaution**	신중을 기하기 위해
	☐ **crime situation**	범죄 상황
113	☐ **main theme**	주제, 요지
	☐ **children's welfare**	아동 복지
114	☐ **factory supervisor**	공장 감독 [공장장]
116	☐ **maternal instinct**	모성애
117	☐ **routine training flights**	일상의 연습 비행
	☐ **air show**	에어쇼, 항공(비행)쇼
118	☐ **plead** *one's* **innocence**	무죄를 주장하다
	☐ **be convinced of** *one's* **guilt**	유죄를 확신하고 있다
121	☐ *one's* **penetrating gaze**	날카로운 시선
122	☐ **investigation of wide scope**	광범위한 조사
	☐ **cause of air pollution**	대기 오염의 원인
123	☐ **be deeply rooted in**	~에 깊이 뿌리내리고 있다
	☐ **racial discrimination**	인종 차별
124	☐ **remind me of my grandfather**	나의 할아버지를 상기시키다
125	☐ **inhabitants in this area**	이 지역의 주민
	☐ **descendants of the immigrants**	이주자들의 후손
127	☐ **corrupt bureaucrat**	부패한 관료
	☐ **take a bribe**	뇌물을 받다

112

By way of precaution, I looked into the crime situation in that district.

신중을 기하기 위해 나는 그 지역의 범죄 상황을 조사했다.

518 □ **precaution**
[prikɔ́:ʃən]

명 신중, 조심
[pre (미리) + caution (주의하는 것)]

« take **precautions** against   ~을 조심하다

* caution   명 조심, 경계
              동 ~에게 경고하다

* cautious   형 조심성 있는, 신중한

519 □ **crime**
[kraim]

명 범죄, 죄

☞ 도덕상의 죄는 sin

* criminal   형 범죄의, 형사상의
              명 범인, 범죄자

520 □ **situation**
[sìtʃuéiʃən]

명 상황, 위치

521 □ **district**
[dístrikt]

명 지역, 지방

113

The main theme of the conference was children's welfare.

그 회의의 주제는 아동의 복지였다.

522 □ **main**
[mein]

형 주된, 주요한

523 □ **theme**
[θi:m]

명 주제, 테마

524 ☐ **conference**
[kánfərəns]
명 회의, 협의회
* confer 동 협의하다

525 ☐ **welfare**
[wélfɛər]
명 복지, 행복
« social **welfare** 사회복지

114

The factory supervisor must ensure that a steady output is maintained each and every week.

공장의 감독은 꾸준한 생산이 주마다 유지되도록 확인해야 한다.

526 ☐ **factory**
[fǽktəri]
명 공장
☞ works 명 공장, 제작소

527 ☐ **supervisor**
[súːpərvàizər]
명 감독, 관리자
* supervise 동 감독하다

528 ☐ **ensure**
[enʃúər]
동 확실히 하다, 보증하다

529 ☐ **steady**
[stédi]
형 꾸준한, 안정된, 착실한

530 ☐ **output**
[áutpùt]
명 생산, 산출량, 출력 (⇔input 입력)

531 ☐ **maintain**
[meintéin]
동 유지하다, 부양하다
* maintenance 명 유지, 부양

115

The equipment in a gymnasium is referred to as apparatus.

체육관의 설비기구를 용구라고 한다.

532 ☐ **equipment**
[ikwípmənt]
- 명 설비, 장치
- * equip 동 갖추다
- « **equip** A with B
  A에게 B를 갖추게 하다, 설치하다

533 ☐ **gymnasium**
[dʒimnéiziəm]
- 명 체육관, 도장
- * gymnastics 명 체조, 체육

534 ☐ **apparatus**
[æpərǽtəs]
- 명 기구 일체, 장치
- « a laboratory **apparatus** 실험기구

116

Maternal instinct is essential for the survival of mammals in infancy.

모성애는 유아기에 포유동물의 생존에 필수적이다.

535 ☐ **maternal**
[mətə́:rnl]
- 형 어머니의, 모계의 (⇔paternal 어버이의)

536 ☐ **instinct**
[ínstiŋkt]
- 명 본능, 재능
- « by **instinct** 본능적으로
- * instinctive 형 본능적인, 천성의

537 ☐ **essential**
[isénʃəl]
- 형 불가결한, 매우 중요한

538 ☐ **survival** [sərváivəl]	명 생존, 생존자

539 ☐ **mammal** [mǽməl]	명 포유동물

540 ☐ **infancy** [ínfənsi]	명 유아기, 유년 ＊ infant 명 영아, 유아

117

The crew suddenly perished in the middle of
routine training flights for the air show.

그 승무원은 에어쇼를 위한 일상의 연습 비행중에 갑자기 죽었다.

541 ☐ **crew** [kru:]	명 승무원 전원, 승무원

542 ☐ **suddenly** [sʌ́dnli]	부 갑자기, 돌연 ＊ sudden 형 돌연한, 갑작스러운

543 ☐ **perish** [périʃ]	동 죽다, 멸망하다

544 ☐ **routine** [ru:tí:n]	형 일상의, 틀에 박힌 명 틀에 박힌 일

545 ☐ **flight** [flait]	명 비행, 항공편

546 ☐ **air** [ɛər]	형 항공의, 비행기의 명 공기, 외양, [the~] 공중, 하늘

118

It was in vain for the accused to plead his inno-
cence, since all were convinced of his guilt.

피고가 무죄를 주장해도 헛된 일이었다. 모두가 그의 유죄를 확신하고 있었
기 때문이다.

---

547 □ **vain**
[vein]

형 헛된, 허무한

« in **vain** 헛되이, 공연히

---

548 □ **accused**
[əkjúːzd]

명 (the~) 피고인, 피의자 (⇔accuser 고소인)

형 고발당한

---

549 □ **plead**
[plíːd]

동 주장하다, 변명하다, 탄원하다

* plea 명 탄원, 변명

---

550 □ **innocence**
[ínəsəns]

명 무죄, 결백, 순결

* innocent 형 무죄의 (⇔ guilty 유죄의),
천진난만한

---

551 □ **since**
[sins]

접 ~이므로, ~이니까

---

552 □ **convince**
[kənvíns]

동 납득시키다, 확신시키다

* convincing 형 설득력 있는

* conviction 명 확신, 신념

---

553 □ **guilt**
[gilt]

명 유죄, 죄

* guilty 형 유죄의, 자책을 느끼는

« be **guilty** of ~을 범하다

119

The region has ample rainfall for agriculture.

그 지역은 농사를 짓는 데 필요한 강수량이 충분하다.

554 □ **region** [rí:dʒən]	명 지역, 지방 ＊ regional 형 지방의, 지역의	
555 □ **ample** [æmpl]	형 충분한 (⇔scanty 부족한), 넓은 ＊ amplify 동 확대하다	
556 □ **rainfall** [réinfɔ:l]	명 강수량, 강우 ≪ the annual **rainfall** 연간 강수량	
557 □ **agriculture** [ǽgrikʌ̀ltʃər]	명 농업 [agri (= earth) + cult (경작하다)] ＊ agricultural 형 농업의	

120

The province is rich in hydropower potential.

그 지방은 수력 발전의 가능성이 많다.

558 □ **province** [právins]	명 지방, 주 ＊ provincial 형 주의, 지방의
559 □ **rich** [ritʃ]	형 부유한, 풍부한 ≪ be **rich** in 많다, ~가 풍부하다 (⇔ be poor in 부족하다)
560 □ **hydropower** [hàidrəpáuər]	명 수력 발전 [hydro(=water) + power(=electric power 전력)]
561 □ **potential** [pəténʃəl]	명 가능성, 잠재력 형 가능한, 잠재적인 ＊ potentiality 명 가능성, 발전 전망

121

She turned her eyes away from his penetrating gaze.

그녀는 그의 날카로운 시선에서 눈을 돌렸다.

---

562 □ **turn away** | (얼굴·시선 등을) 딴 데로 돌리다, 외면하다, 쫓아버리다

---

563 □ **penetrating**
[pénətrèitiŋ]
- 형 날카로운, 관통하는
- * penetrate   동 관통하다, 간파하다
- * penetration   명 관통, 침투

---

564 □ **gaze**
[geiz]
- 명 시선, 응시
- 동 뚫어지게 보다, 응시하다
- ☞ '보다'의 유의어

see	: 자연스럽게 눈에 들어오다, 보이다, 스포츠·영화 등을 보다
look at	: 의도적으로 정지된 것을 보다
watch	: 움직임이 있는 것을 눈으로 쫓다
gaze, stare	: 계속 응시하다, 쭉 보다
glance, glimpse	: 흘끗 보다
peep, peek	: 엿보다

122

An investigation of wide scope should be made to find the exact cause of air pollution.

대기 오염의 정확한 원인을 알기 위해서는 광범위한 조사가 이뤄져야 한다.

---

565 □ **investigation**
[invèstəgéiʃən]
- 명 조사, 연구
- * investigate   동 조사하다

---

566 □ **scope**
[skoup]
- 명 범위, 영역

567 □ **exact**
[igzǽkt]
형 정확한, 정밀한

568 □ **pollution**
[pəlúːʃən]
명 오염, 공해
« noise **pollution** 소음 공해
* pollute 동 오염시키다
* pollutant 명 오염 물질, 오염원

123

The incident seems to be deeply rooted in hatred
arising from racial discrimination.

그 사건은 인종 차별에서 발생한 증오에 깊이 뿌리내리고 있는 것 같다.

569 □ **incident**
[ínsədənt]
명 (우발적인) 사건
* incidental 형 우연히 일어나는, 부수적인
* incidentally 부 우연히, 부수적으로

570 □ **root**
[ruːt]
동 뿌리내리게 하다, 정착시키다
명 뿌리, 근본

571 □ **hatred**
[héitrid]
명 증오, 미움
* hate 동 미워하다, 몹시 싫어하다
* hateful 형 밉살스러운, 싫은

572 □ **racial**
[réiʃəl]
형 인종의, 민족의

573 □ **discrimination**
[diskrìmənéiʃən]
명 차별, 차별대우
* discriminate 동 차별하다, 구별하다

124

This fountain pen has little value, but it's precious as it reminds me of my grandfather.

이 만년필은 거의 가치가 없지만, 나의 할아버지를 상기시켜 주기 때문에 소중하다.

574 ☐ **fountain pen**   만년필

575 ☐ **little**   혱 조금밖에 없는, 거의 없는
[lítl]

576 ☐ **value**   몡 가치
[vǽljuː]   * valuable   혱 가치가 높은 (⇔ valueless)
   « of **value**   가치 있는, 귀중한
   * evaluate   동 가치를 판별하다, 평가하다

577 ☐ **precious**   혱 소중한, 고가의
[préʃəs]

125

Most inhabitants in this area are the descendants of the immigrants from Europe.

이 지역 대부분의 주민들은 유럽에서 온 이주자들의 후손이다.

578 ☐ **inhabitant**   몡 주민, 주거자
[inhǽbətənt]   * inhabit   동 살다, 생식하다

579 ☐ **area**   몡 지역, 면적, 분야
[έəriə]

580 ☐ **descendant** [diséndənt]	명 후손, 자손 (⇔ancestor 조상) ＊ descend 동 내려오다, 내리다
581 ☐ **immigrant** [ímigrənt]	명 이민, 이민자 (⇔emigrant 이주자) ＊ immigrate 동 (타국에서) 이주하다 ＊ immigration 명 이주 ＊ migrate 동 이주하다, 이동하다
582 ☐ **Europe** [júərəp]	명 유럽 ＊ European 형 유럽의 명 유럽인

126

His thoughtless reply plunged me into deep perplexity.

그의 불친절한 대답에 나는 매우 당혹스러웠다.

583 ☐ **thoughtless** [θɔ́ːtlis]	형 불친절한, 경솔한, 생각이 없는
584 ☐ **reply** [riplái]	명 대답, 답 동 답하다, 응하다
585 ☐ **plunge** [plʌndʒ]	동 뛰어들다, (어떤 상태에) 빠지게 하다 명 뛰어듦, 돌진 « **plunge** into the pool 풀에 뛰어들다
586 ☐ **perplexity** [pərpléksəti]	명 당혹, 곤혹 ＊ perplex 동 난처하게 하다, 당황케 하다

127

The police arrested the corrupt bureaucrat for taking a bribe.

경찰은 부패한 관료를 수뢰죄로 체포했다.

---

587 □ **police**
[pəlíːs]
- 명 [the~] 경찰 (항상 단수형으로 복수 취급), [집합적] 경찰관
- ≪ The **police** are [is (×)] on his track.
  경찰은 그를 추적중이다.

588 □ **arrest**
[ərést]
- 동 체포하다
- 명 체포

589 □ **corrupt**
[kərʌ́pt]
- 형 부패한, 매수할 수 있는
- 동 타락시키다

590 □ **bureaucrat**
[bjúərəkræ̀t]
- 명 관료
- ✶ bureaucracy 명 관료제
- ✶ bureaucratic 형 관료적인, 절차가 복잡한
- ✶ bureau 명 국, 부

591 □ **bribe**
[bráib]
- 명 뇌물
- ≪ take a **bribe** 뇌물을 받다
- ✶ bribery 명 뇌물 행위

128

Each selected those souvenirs that suited his fancy.

각자 마음에 드는 기념품을 골랐다.

---

592 □ **select**
[silékt]
- 동 고르다, 선택하다
- 형 가려낸, 선발된
- ✶ selection 명 선발

593 □ **souvenir**
[súːvənìər]
- 명 기념품, 선물

594 □ **suit**
[súːt]

- 동 ~에게 잘 맞다, 적합하다, 어울리다
- « be **suited** for ~에 적합하다
- * suitable 형 적당한, 적절한

595 □ **fancy**
[fǽnsi]

- 명 기호, 공상
- 동 상상하다, 마음에 그리다
- « **Fancy** ~ing 생각해 보세요, ~하다니
  Fancy meeting you here!
  생각해 봐, 이런 곳에서 너를 만나다니!
- * fantasy 명 공상, 환상
- * fantastic 형 공상적인, 훌륭한

129

Money's principal function is to serve as a
medium of exchange.

화폐의 중요한 기능은 교환의 수단으로 이용되는 것이다.

596 □ **principal**
[prínsəpəl]

- 형 중요한, 주된

597 □ **function**
[fʌ́ŋkʃən]

- 명 기능, 직무, 의식
- * functional 형 기능상의, 기능본위의

598 □ **serve**
[səːrv]

- 동 소용이 되다, 시중들다, 대접하다

599 □ **medium**
[míːdiəm]

- 명 수단, 매체, 중간
- « mass **media** 매스컴
- 형 중간의, 보통의

600 □ **exchange**
[ikstʃéindʒ]

- 명 교환, 환 (시세)
- 동 교환하다, 환전하다
- « **exchange** A for B A를 B와 교환하다

130

The mourner murmured a prayer for the repose of the soul of the deceased.

그 조객은 고인의 영혼이 편히 잠들수 있도록 작은 소리로 빌었다.

---

601 □ **mourner**
[mɔ́ːrnər]
- 명 조객, 슬퍼하는 사람
- ＊ mourn　동 슬퍼하다, 한탄하다
- ＊ mournful　형 슬픔에 잠긴

---

602 □ **murmur**
[mə́ːrmər]
- 동 작은 소리로 말하다, 졸졸 소리내다
- 명 중얼거림, 불평 소리

---

603 □ **prayer**
[prɛ́ər]
- 명 기도, 기도하는 사람
- ＊ pray　동 빌다, 기원하다

---

604 □ **repose**
[ripóuz]
- 명 휴식, 평온

---

605 □ **soul**
[soul]
- 명 영혼, 정신

---

606 □ **deceased**
[disíːst]
- 명 [the~] 고인
- 형 서거한

131

> He failed to come up with a coherent plan for reconstructing the firm.
>
> 그는 회사를 재건할 일관된 계획을 생각해내지 못했다.

607 ☐ **fail** [feil]	동 실패하다 (⇔succeed), (시험에) 떨어지다 « **fail** to do ~할 수 없다, ~(하지) 못하다 * failure 명 실패 (⇔success 성공)
608 ☐ **coherent** [kouhíərənt]	형 일관된, 이치가 통하는 * coherence 명 일관성, 결합력 * cohere 동 일관되다, (논리 등이) 조리가 서다
609 ☐ **reconstruct** [rì:kənstrʌ́kt]	동 재건하다, 부흥하다 * reconstruction 명 재건, 부흥
610 ☐ **firm** [fə́:rm]	명 회사, 상회

132

> He was prudent enough to keep away from the peril.
>
> 그는 위험을 멀리할 만큼 분별력이 있었다.

611 ☐ **prudent** [prú:dnt]	형 신중한, 분별 있는 * prudence 명 신중, 사려 분별
612 ☐ **peril** [pérəl]	명 위험 * perilous 형 위험한

133

> The aid scheme met with their stubborn opposition.
>
> 그 원조 계획은 그들의 완강한 반대에 부딪쳤다.

613 □ **aid**
[eid]
- 명 원조, 조력
- 동 원조하다, 조력하다

614 □ **scheme**
[skí:m]
- 명 계획, 음모
- 동 계획하다

615 □ **stubborn**
[stʌ́bərn]
- 형 완강한, 완고한

616 □ **opposition**
[ὰpəzíʃən]
- 명 반대, 저항 (resistance)
- ✱ oppose 동 ~에 반대하다

134

> The surgeon performed an operation on the patient to remove cancerous tissue.
>
> 외과 의사는 그 환자에게 암조직을 없애기 위한 수술을 했다.

617 □ **surgeon**
[sə́:rdʒən]
- 명 외과 의사 (⇔physician 내과 의사)
- ✱ surgery 명 외과, 외과 수술
- ✱ surgical 형 외과의

618 □ **perform**
[pərfɔ́:rm]
- 동 행하다, 완수하다
- ✱ performance 명 수행, 실행

619 □ **operation**
[ὰpəréiʃən]
- 명 수술, 작용, 운전
- ✱ operate 동 수술하다, 작용하다

620 □ **patient**
[péiʃənt]
- 명 환자
- 형 인내심 있는, 끈기있는
- * patience 명 인내, 참을성

621 □ **remove**
[rimúːv]
- 동 없애다, 제거하다, 벗다
- * removal 명 제거, 없앰

622 □ **cancerous**
[kǽnsərəs]
- 형 암의, 암에 걸린
- * cancer 명 암
- « stomach **cancer** 위암

623 □ **tissue**
[tíʃuː]
- 명 조직, 화장지

135

In the Chosun period Christians were unjustly persecuted by the Royal Court.

조선 시대에 기독교인들은 부당하게 조정의 박해를 받았다.

624 □ **period**
[píəriəd]
- 명 시대, 기간
- * periodical 명 정기 간행물
  - 형 정기적인, 정기 간행의

625 □ **Christian**
[krístʃən]
- 명 기독교인
- 형 기독교의

626 □ **unjustly**
[ʌndʒʌ́stli]
- 부 부당하게, 불공평하게
- * unjust 형 부당한, 불공평한

627 □ **persecute**
[pə́ːrsikjùːt]
- 동 박해하다, 끈질기게 괴롭히다
- * persecution 명 박해

136

The store made a special discount to promote the sale of the merchandise.

그 가게는 상품 판매를 촉진시키기 위해 특별 할인을 실시했다.

628 ☐ **discount**
[dískaunt]
- 명 할인, (액면 이하의) 감가
- 동 할인하다 [dis (반대로) + count (세다)]

629 ☐ **promote**
[prəmóut]
- 동 촉진하다, 승진시키다
- ＊ promotion   명 촉진, 승진

630 ☐ **sale**
[seil]
- 명 판매, 팔림새, 특매

631 ☐ **merchandise**
[mə́:rtʃəndàiz]
- 명 [집합적] 상품 (commodities)

137

Looked at from the perspective of human psychology, the hypothesis has some short-comings.

인간심리학의 관점에서 보면 그 가설에는 약간의 결점이 있다.

632 ☐ **perspective**
[pərspéktiv]
- 명 관점, 견해, 전망

633 ☐ **psychology**
[saikálədʒi]
- 명 심리학
- ＊ psychological   형 심리학의, 심리적인
- ＊ psychologist   명 심리학자

634 ☐ **hypothesis**
[haipáθəsis]
- 명 가설
- ☞ 아직 증명되지 않은 이론

635 ☐ **shortcoming**
[ʃɔ́:rtkʌ̀miŋ]
- 명 [~s] 결점, 단점

138

It was only by sheer luck that we managed to get to the concert punctually.

우리가 그럭저럭 콘서트에 늦지 않게 도착할 수 있었던 것은 순전히 행운에 지나지 않았다.

---

636 ☐ **sheer**
[ʃiər]

형 순전한, 깎아지른 듯한

---

637 ☐ **luck**
[lʌk]

명 운, 행운
* lucky   형 행운의, 운수 좋은

---

638 ☐ **get to**

(장소) 에 도착하다
☞ arrive at, reach보다 구어적인 표현

---

639 ☐ **punctually**
[pʌ́ŋktʃuəli]

부 시간대로, 정각에
* punctual   형 시간을 잘 지키는
* punctuality   명 시간 엄수

139

The housekeeper folded the washing in a neat pile on the floor.

가정부는 세탁물을 개어서 마루 위에 깔끔히 쌓아 올렸다.

---

640 ☐ **housekeeper**
[háuskì:pər]

명 가정부
☞ housewife   명 전업 주부

---

641 ☐ **fold**
[fould]

동 접어 개다, 싸다
« with one's arms **folded**   팔짱을 끼고

---

642 ☐ **washing**
[wáʃiŋ]

명 [the~; 집합적] 세탁물, 빨랫감

---

643 ☐ **neat**
[ní:t]

형 깔끔한, 단정한

---

644 ☐ **pile**
[pail]

명 쌓아올린 더미

140

His absurd ambition was destined to collapse to nothing.

그의 어리석은 야망은 흔적도 없이 붕괴될 운명이었다.

645 ☐ **absurd**
[æbsə́:rd]
형 어리석은, 불합리한 (⇔reasonable 이치에 맞는)
* absurdity 명 어리석은 일

646 ☐ **ambition**
[æmbíʃən]
명 야망, 야심
* ambitious 형 야심적인

647 ☐ **destine**
동 (운명으로) 정해지다, 운명짓다
« be **destined** to do ~하도록 운명지어 있다
* destination 명 목적지, 행선지

648 ☐ **collapse**
[kəlǽps]
동 좌절되다, 붕괴하다
명 좌절, 붕괴

649 ☐ **nothing**
[nʌ́θiŋ]
명 무, 제로
« to **nothing** 흔적도 없이

141

If he is a man of sincerity, he is sure to fulfill his campaign promises.

그가 정직한 사람이라면 반드시 선거공약을 실행할 것이다.

650 ☐ **sincerity**
[sinsérəti]
명 정직, 성실
* sincere 형 성실한, 거짓 없는

651 ☐ **fulfill**
[fulfíl]
동 실행하다, 만족시키다
* fulfillment 명 수행, 완수

652 ☐ **campaign**
[kæmpéin]
명 선거 운동, 유세

653 ☐ **promise**
[prámis]
명 약속, 장래의 전망
동 약속하다, ~할 가능성이 있다
« keep one's **promise** 약속을 지키다
* promising 형 장래성 있는, 전도유망한

Love cures people
- both the ones who give it and the
ones who receive it.

            - Dr. Karl Menninger

사랑은 사람을 치료한다.
- 주는 사람이나 받는 사람 모두를.

                - 칼 메닝거 박사

142 □ **have no partiality for**	~에 대해 편견을 갖지 않다
143 □ **passage over the border**	국경의 통행
144 □ **unconscious prejudice**	무의식적인 편견
145 □ **vast amount of grain**	많은 양의 곡물
146 □ **surrender to the hostile country**	적국에 항복하다
□ **commit suicide**	자살하다
147 □ **consult a lawyer**	변호사에게 상담하다
□ **put** *one's* **signature on**	~에 서명하다
148 □ **bear the strain of**	~의 긴장감을 참다
□ **make (both) ends meet**	수지를 맞추다
149 □ **intervention in the conflict**	분쟁에 개입
150 □ **prospects for the industry**	그 산업의 전망
151 □ **pay more attention to**	~에 좀더 주의를 기울이다
□ **transportation expenses**	운송비, 교통비
152 □ **sound like a paradox**	역설적으로 들리다
153 □ **testify as a witness**	증인으로서 증언하다
155 □ **shriek in terror**	공포에 질려 비명을 지르다
156 □ **get rid of that awful man**	지독한 남자를 내쫓다

| 157 | ☐ sense of responsibility | 책임감 |
| | ☐ answer for consequences | 결과에 책임을 지다 |

| 158 | ☐ stop the fire from spreading | 화재가 번지는 것을 막다 |
| | ☐ residential quarter | 주택 지구 |

| 159 | ☐ betray a close friend | 절친한 친구를 배신하다 |
| | ☐ monetary reward | 금전적인 보상 |

| 160 | ☐ settle the diplomatic issue | 외교 문제를 해결하다 |

| 161 | ☐ atmospheric pressure | 기압 |

| 163 | ☐ Legend has it that ~ | 전설에 따르면 ~라고 한다 |

| 164 | ☐ have no idea | 모르다 |

| 165 | ☐ run of bad luck | 연속적인 불운 |

| 166 | ☐ aggressive response | 호전적인 반응 |

| 167 | ☐ prolonged recession | 장기간에 걸친 경기 침체 |
| | ☐ import restrictions | 수입 제한 |

| 168 | ☐ biology lecture | 생물학 강의 |
| | ☐ cell division | 세포 분열 |

| 169 | ☐ simplified life-style | 간소화된 생활양식 |

| 170 | ☐ numerous obstacles | 수많은 장애 |

| 171 | ☐ trade surplus | 무역 흑자 |

142

> I have no partiality for any race, culture, or nationality.
>
> 나는 어떤 인종이나 어떤 문화, 어떤 국적에 대해서도 편견을 갖지 않는다.

654 ☐ **partiality**
[pὰːrʃiǽləti]
- 명 편견, 편파, 부분적인 것
- * partial 형 편파적인, 부분의, 부분적인

655 ☐ **race**
[reis]
- 명 인종, 민족
- * racial 형 인종의, 민족의

656 ☐ **culture**
[kʌ́ltʃər]
- 명 문화, 교양
- * cultural 형 문화의, 교양의

657 ☐ **nationality**
[næʃənǽləti]
- 명 국적
- * national 형 국가의, 국민의
- * nationalism 명 국가주의, 민족주의

143

> The refugees were granted passage over the border.
>
> 난민들에게 국경의 통행이 허용되었다.

658 ☐ **refugee**
[rèfjudʒíː]
- 명 난민, 망명자
- * refuge 명 피난, 피난처

659 ☐ **grant**
[grænt]
- 동 승인하다, 허가하다, 주다
- 명 허가, 수여, 수여받은 물건, 보조금
- « **granting** that 비록 ~라고 해도
- « take A for **granted** A를 당연하다고 생각하다

660 ☐ **passage**
[pǽsidʒ]
- 명 통행, 통과, 여행

661 ☐ **border**
[bɔ́ːrdər]
- 명 국경, 가장자리
- 동 접경하다, 인접하다

144

His perceptions were distorted by unconscious prejudice.

그의 인식은 무의식적인 편견에 의해 왜곡되었다.

662 □ **perception** [pərsépʃən]	명	인식, 지각
	*	perceive 동 인식하다, 이해하다
663 □ **distort** [distɔ́:rt]	동	(사실·진리 등을) 왜곡하다 (얼굴 등을) 찌푸리다
664 □ **unconscious** [ʌnkánʃəs]	형	무의식의, 깨닫지 못하는
	«	be **unconscious** of 깨닫지 못하다
665 □ **prejudice** [prédʒudis]	명	편견, 선입관
	동	편견을 갖게 하다

145

Insects eat up a vast amount of grain.

곤충은 많은 양의 곡물을 먹어 치운다.

666 □ **insect** [ínsekt]	명	곤충
	☞	worm 명 (지렁이 등의 다리가 없는) 벌레
667 □ **eat up**		다 먹어버리다, 소비하다
668 □ **vast** [væst]	형	막대한, 광대한
669 □ **amount** [əmáunt]	명	양, 액수
	«	**amount** to 총계 ~이 되다, 합계 ~이 되다
670 □ **grain** [grein]	명	[집합적] 곡물, (쌀이나 보리 등의) 낟알

146

He refused to surrender to the hostile country and committed suicide.

그는 적국에 항복하기를 거부하고 자살했다.

671 □ **refuse**
[rifjúːz]
- 동 거절[거부]하다
- * refusal 명 거절, 거부

672 □ **surrender**
[səréndər]
- 동 항복하다, (희망·신념 등을) 포기하다
- 명 항복, 인도

673 □ **hostile**
[hάstl]
- 형 적의, 적대적인, 적의 있는 (⇔friendly 우호적인)
- * hostility 명 적의

674 □ **commit**
[kəmít]
- 동 (죄·과실 등을) 저지르다, 위탁하다
- * commitment 명 약속, 위탁, 범행

675 □ **suicide**
[súːəsàid]
- 명 자살
- « commit **suicide** 자살하다

147

You should consult a trustworthy lawyer before you put your signature on the document.

그 서류에 서명하기 전에 신뢰할 수 있는 변호사와 상담해야 한다.

676 □ **consult**
[kənsʌ́lt]
- 동 상담하다, ~에게 의견을 구하다
- * consultation 명 상담, 회의
- * consultant 명 고문, 컨설턴트

677 □ **trustworthy**
[trʌ́stwə̀ːrði]
- 형 신뢰할 수 있는
- * trust 동 신뢰하다, 맡기다
  명 신뢰, 위탁

678 ☐ **lawyer**
[lɔ́ːjər]
> 몡 변호사
> ☞ 변호를 부탁하는 '의뢰인'은 client

679 ☐ **signature**
[sígnətʃər]
> 몡 서명, 사인
> ☞ 영어의 sign은 명사로 '표시, 신호' 등을 의미하며, '서명'이란 뜻은 없다. '(연예인 등의) 사인'은 영어로 autograph라고 한다.

680 ☐ **document**
[dɑ́kjumənt]
> 몡 서류, 문서
> * documentary 혱 문서의, 사실을 기록한

148

It was hard to bear the continuous strain of striving to make ends meet.

수지를 맞추려고 노력하는 끊임없는 긴장감을 참기는 어려웠다.

681 ☐ **bear**
[bɛər]
> 동 (고통 등을) 견디다, 참다, (아이를) 낳다

682 ☐ **continuous**
[kəntínjuəs]
> 혱 끊임없는
> ☞ continual 혱 지속적인, 빈번한

683 ☐ **strive**
[straiv]
> 동 노력하다
> ≪ **strive** for perfection
>   완벽을 추구하려 노력하다
> ≪ **strive** to do
>   ~하려고 노력하다
> * strife 몡 다툼, 분쟁

684 ☐ **make ends meet**
> 수입과 지출의 균형을 맞추다, 수입에 알맞은 생활을 하다

149

He implicitly turned down the notion of an
immediate US intervention in the conflict.

그는 미국이 즉각적으로 그 분쟁에 개입할 것이라는 생각을 은근히 거부했다.

685 □ **implicitly**
[implísitli]
- 부 은근히, 넌지시
- ＊ implicit 형 암묵의, 함축적인

686 □ **turn down**
(제안 등을) 거부하다, (음량 등을) 줄이다

687 □ **notion**
[nóuʃən]
- 명 생각, 의견, 관념

688 □ **immediate**
[imí:diət]
- 형 즉시의, 직접의
- ＊ immediately 부 곧, 즉시

689 □ **intervention**
[ìntərvénʃən]
- 명 개입, 중재
- ＊ intervene 동 ~사이에 끼어들다

690 □ **conflict**
[kánflikt]
- 명 분쟁, 충돌, 불일치
- 동 모순되다, 충돌하다

150

The prospects for the petroleum industry are
pretty dismal, I'm afraid.

나는 석유산업의 전망이 상당히 어둡다고 생각한다.

691 □ **prospect**
[práspekt]
- 명 경치, 조망, [~s] 성공할 가망, 장래성
- ＊ prospective 형 장래의, 전망 있는

692 □ **petroleum**
[pətróuliəm]
- 명 석유
- ≪ crude [raw] **petroleum** 원유
- ＊ petrol 명 (영) 가솔린 cf. (미) gas, gasoline

693 □ **industry** · 명 산업, 근면
[índəstri]
* industrial　형 산업의, 공업의
* industrious　형 근면한

694 □ **pretty** · 부 상당히, 꽤
[príti]

695 □ **dismal** · 형 어두운, 음산한
[dízməl]

151

I suggested to my colleague that more attention
be paid to the transportation expenses.

나는 동료에게 교통비에 좀더 주의를 기울여야 한다고 제안했다.

696 □ **suggest** · 동 제안하다, 넌지시 나타내다
[səgdʒést]
* suggestion　명 제안, 시사

697 □ **colleague** · 명 동료
[káli:g]

698 □ **transportation** · 명 수송, 운송, 교통
[trænspərtéiʃən]
* transport　동 운송하다
명 운송

699 □ **expense** · 명 비용, 희생
[ikspéns]
≪ at the **expense** of　~을 희생해서
* expensive　형 고가의 (⇔cheap)

152

It may sound like a paradox, but the more people we have in the office, the less work gets done.

역설적으로 들릴지 모르지만, 직원이 많으면 많을수록 일은 더욱 이루어지지 않는다.

700 □ **sound**
[saund]

- 동 ~하게 들리다, 생각되다
- « That **sounds** interesting.
  그거 재미있을 것 같군.

701 □ **paradox**
[pǽrədὰks]

- 명 역설

702 □ **done**
[dʌn]

- 형 끝난, 마친
- « get (be) **done** with   ~을 마치다, 끝내다

153

The business leader was summoned to testify before Parliament as a witness under oath.

그 실업계의 지도자가 의회에서 증인으로 선서하고 증언하기 위해서 소환되었다.

703 □ **summon**
[sʌ́mən]

- 동 소환하다, 불러내다
- * summons   명 소환, 출두명령(서)
- ☞ salmon   명 연어
- ☞ sermon   명 설교

704 □ **testify**
[téstəfài]

- 동 증언하다
- * testimony   명 증언, 증명

705 □ **parliament**
[pά:rləmənt]

- 명 국회, 회의, [P~] (영국) 의회
- ☞ Congress 미국의회, the Diet 일본의 국회,
  the National Assembly 우리나라의 국회

706 ☐ **witness**
[wítnis]
명 증인, 목격자
동 목격하다, 증언하다

707 ☐ **oath**
[ouθ]
명 맹세, (법정에서의) 선서

154

The drunken guard pretended not to observe a stranger steal into the room.

술에 취한 경비원은 낯선 사람이 그 방에 몰래 들어가는 것을 못본 체 했다.

708 ☐ **drunken**
[drʌ́ŋkən]
형 술에 취한, 만취한
* drunk   형 (술에) 취한
* drunkard   명 술꾼, 술고래

709 ☐ **guard**
[gáːrd]
명 경비원
동 지키다, 망보다

710 ☐ **pretend**
[priténd]
동 ~하는 척하다
* pretense   명 허위, 핑계

711 ☐ **observe**
[əbzə́ːrv]
동 관찰하다, 깨닫다
* observation   명 관찰
* observance   명 준수, 지키는 것

712 ☐ **stranger**
[stréindʒər]
명 낯선 사람, 이방인

713 ☐ **steal into**
몰래 들어가다, 숨어들다

155

> She shrieked in terror thinking a ghost was chasing her.
>
> 그녀는 귀신이 자기를 좇아오고 있다고 생각하면서 공포에 질려 비명을 질렀다.

714 ☐ **shriek**
[ʃríːk]
- 동 비명을 지르다
- 명 비명, 쇳소리

715 ☐ **terror**
[térər]
- 명 공포
- << in **terror** 공포에 질려, 깜짝 놀라서
- * terrible 형 무서운, 소름끼치는
- * terrific 형 훌륭한, 굉장한, 무서운
- * terrify 동 놀라게 하다 (frighten, scare)

716 ☐ **ghost**
[góust]
- 명 귀신, 유령

717 ☐ **chase**
[tʃéis]
- 동 뒤쫓아가다, 추적하다
- 명 추적, 추구

156

> I admire the grace with which you got rid of that awful man.
>
> 나는 네가 저 지독한 남자를 품위있게 내쫓은 것에 감탄한다.

718 ☐ **admire**
[ədmáiər]
- 동 감탄하다, 칭찬하다
- * admiration 명 감탄, 칭찬
- * admirable 형 훌륭한, 칭찬할 만한

719 ☐ **grace**
[gréis]
- 명 우아함, 기품, 고상함
- * graceful 형 우아한, 품위 있는

720 ☐ **awful**
[ɔ́ːfəl]
- 명 지독한, 무서운
- * awfully 부 대단히, 지독하게
- * awe 명 외경심

157

He has such a strong sense of responsibility
that he always answers for consequences.

그는 책임감이 매우 강해서 항상 결과에 책임을 진다.

721 □ **responsibility** 　명 책임, 의무
[rispὰnsəbíləti]
　《 have a strong sense of **responsibility**
　　책임감이 강하다
　＊ responsible　형 책임이 있는
　《 be **responsible** for　~에 대해 책임이 있다

722 □ **answer for**　~의 책임을 지다, ~을 보증하다

723 □ **consequence**　명 결과, 중요성
[kάnsəkwèns]
　＊ consequent　형 결과로서 발생하는, 당연한
　＊ consequently　부 그 결과, 따라서

158

We must by all means stop the fire from
spreading to the residential quarter.

우리는 반드시 화재가 주택 지구로 퍼져나가지 않도록 막아야 한다.

724 □ **by all means**　반드시, 꼭

725 □ **spread**　동 퍼지다, 넓히다
[spréd]　명 확산, 보급

726 □ **residential**　형 주택의, 주택용의
[rèzədénʃəl]
　＊ reside　동 살다, 거주하다
　＊ residence　명 주거, 거주
　＊ resident　명 주민, 거주자

727 □ **quarter**　명 지구, 지역, 1/4
[kwɔ́:rtər]

159

It was mean of you to betray a close friend for a monetary reward.

금전적 보상때문에 절친한 친구를 배신하다니 너는 비열한 놈이다.

---

728 ☐ **mean**
[miːn]
- 형 비열한, 치사한

---

729 ☐ **betray**
[bitréi]
- 동 배신하다, 저버리다
  (비밀을) 누설하다, 밀고하다
- ✳ betrayal   명 배반, 배신

---

730 ☐ **monetary**
[mɑ́nətèri]
- 형 금전상의, 화폐의

---

731 ☐ **reward**
[riwɔ́ːrd]
- 명 보수, 보상
- 동 보답하다

160

It will need the ingenuity of experienced diplomats to settle the diplomatic issue.

그 외교 문제를 해결하는 데에는 경험이 많은 외교관의 교묘한 수완이 필요할 것이다.

---

732 ☐ **ingenuity**
[ìndʒənjúːəti]
- 명 교묘함, 발명의 재능
- ✳ ingenious   형 재치있는, 교묘한
- ☞ ingenuous   형 꾸밈없는, 순진한

---

733 ☐ **experienced**
[ikspíəriənst]
- 형 경험이 풍부한, 경험을 쌓은
- ✳ experience   동 경험하다
- 명 경험

734 ☐ **diplomat** [dípləmæt]	명 외교관 ∗ diplomacy 명 외교, 외교적 수완 ∗ diplomatic 형 외교의, 외교적 수완이 있는
735 ☐ **settle** [sétl]	동 해결하다, 결정하다 ∗ settlement 명 해결, 결정
736 ☐ **issue** [íʃuː]	명 문제, 발행, 출판물 동 발행하다, 지급하다

161

> The barometer is an instrument for measuring
> the atmospheric pressure.
>
> 기압계는 기압을 재는 도구이다.

737 ☐ **barometer** [bərámətər]	명 기압계, (여론 등의) 지표
738 ☐ **instrument** [ínstrəmənt]	명 도구, 악기
739 ☐ **measure** [méʒər]	동 재다, 평가하다 ∗ measurement 명 측량, 측정
740 ☐ **atmospheric** [ætməsférik]	명 대기의 ≪ **atmospheric** pollution 대기오염 ∗ atmosphere 명 대기

162

I want to clarify an ambiguity in the wording [phrasing] of the contract.

나는 계약서의 표현 중에서 애매한 곳을 명확히 하고 싶다.

---

741 ☐ **clarify**
[klǽrəfài]

동 명확히 하다, 뚜렷하게 하다
* clarity 명 명쾌함, 명료

---

742 ☐ **ambiguity**
[æ̀mbigjúːəti]

명 애매함, 불명확성
* ambiguous 형 애매한

---

743 ☐ **wording**
[wə́ːrdiŋ]

명 표현, 말씨, 어법

---

744 ☐ **phrasing**
[fréiziŋ]

명 표현, 말씨, 어법
* phrase 명 구, 성구

---

745 ☐ **contract**
[kántrækt]

명 계약서, 계약
동 계약하다

163

Legend has it that at the bottom of this lake is an underwater castle inhabited by fairies.

전설에 따르면 이 호수 바닥에 요정들이 사는 수중성이 있다고 한다.

---

746 ☐ **legend**
[lédʒənd]

명 전설
* legendary 형 전설의, 전설상의

---

747 ☐ **castle**
[kǽsl]

명 성, 성곽

---

748 ☐ **inhabit**
[inhǽbit]

동 ~에 살다, 거주하다
* inhabitant 명 주민, 거주자

---

749 ☐ **fairy**
[fɛ́əri]

명 요정
☞ fairly 부 상당히, 공평하게

164

I have no idea what motive can have moved her to behave like that.

어떤 동기로 그녀가 저런 행동을 할 수 있는지 잘 모르겠다.

---

750 □ **motive**
[móutiv]

명 동기, 자극
* motivate 동 ~에게 동기를 부여하다
* motivation 명 동기 부여, 자극

---

751 □ **move**
[mu:v]

동 감동시키다, 움직이다
« I was **moved** to tears by her speech.
나는 그녀의 이야기에 감동해서 눈물을 흘렸다.

---

752 □ **behave**
[bihéiv]

동 행동하다, 예절바르게 행동하다
* behavior 명 행동, 행위

165

As if to heap misfortune on misery, a run of bad luck came on them.

엎친 데 덮친 격으로 연속적인 불운이 그들을 덮쳤다.

---

753 □ **heap**
[hi:p]

동 쌓아 올리다
명 (쌓아 올린) 더미, 무더기
« **heap** A on B   B위에 A를 산더미처럼 쌓다

---

754 □ **misfortune**
[misfɔ́:rtʃən]

명 불운, 불행, 역경
« have the **misfortune** to do
운 나쁘게도 ~하다

---

755 □ **misery**
[mízəri]

명 참혹함, 비참함, 불행
* miserable 형 비참한

---

756 □ **run**
[rʌn]

명 연속, 계속
« a **run** of bad luck   계속되는 불운

166

> The invasion of the homeland by an enemy evokes a more passionately aggressive response.
>
> 적이 자기 나라를 침략하면 더욱 격렬한 호전적인 반응을 일깨우게 된다.

757 ☐ **invasion**
[invéiʒən]
- 명 침략, 침입
- * invade 동 침입하다, 침략하다

758 ☐ **homeland**
[hóumlænd]
- 명 자국, 모국

759 ☐ **enemy**
[énəmi]
- 명 적

760 ☐ **evoke**
[ivóuk]
- 동 불러일으키다, 일깨우다

761 ☐ **passionately**
[pǽʃənətli]
- 부 격렬하게, 정열적으로
- * passionate 형 정열적인, 열렬한
- * passion 명 격정, 정열

762 ☐ **aggressive**
[əgrésiv]
- 형 공격적인, 영향력이 강한
- * aggression 명 공격, 침략 (행위)

763 ☐ **response**
[rispáns]
- 명 반응, 대답
- * respond 동 대답하다

167

> Nations suffering from prolonged recession will resort to import restrictions.
>
> 장기간에 걸친 경기 침체를 겪는 국가들은 수입 제한에 의존할 것이다.

764 ☐ **prolonged**
[prəlɔ́ŋd]
- 형 장기간의, 오래 끄는
- * prolong 동 연장하다

765 ☐ **recession**   명 경기 침체, 불경기
[riséʃən]   ＊ recede   동 감퇴하다, (가치 등이) 떨어지다

766 ☐ **resort**   동 의지하다, 호소하다, 자주 드나들다
[risɔ́:rt]   명 행락지, 리조트

767 ☐ **import**   명 수입 (⇔export 수출)
[ímpɔ:rt]   동 [impɔ́:rt] 수입하다

768 ☐ **restriction**   명 제한, 한정
[ristríkʃən]   ＊ restrict   동 제한하다

168

Next biology lecture will be on cell division.

다음 생물학 강의는 세포 분열에 대한 것이다.

769 ☐ **biology**   명 생물학 [bio (=life 생명) + logy (학문)]
[baiáːlədʒi]   ＊ biological   형 생물학적인
   ＊ biologist   명 생물학자

770 ☐ **lecture**   명 강의, 강연
[léktʃər]   동 강의하다
   ≪ give a **lecture** on   ~에 대해 강의하다

771 ☐ **cell**   명 세포, 독방, 전지 (battery는 cell이 결합한 것)
[sel]   ≪ **cell** division   세포 분열

772 ☐ **division**   명 분열, 분배
[divíʒən]   ＊ divide   동 분할하다, 분배하다
   ≪ **divide** A into B   A를 B로 나누다

169

A simplified life-style seems to be in vogue among the younger generation.

생활의 간소화가 젊은 세대에서 유행하고 있는 것 같다.

773 ☐ **simplified**
[símpləfàid]
- 형 간소화한, 간략하게 한
- * simplify   동 간단하게 하다, 간소화하다
- * simplification   명 간단화, 단일화

774 ☐ **life-style**
[láifstàil]
- 명 생활양식

775 ☐ **vogue**
[voug]
- 명 유행, 인기
- ≪ in **vogue**   유행하여, 인기 있는

776 ☐ **generation**
[dʒénəréiʃən]
- 명 동시대의 사람들, 세대
- ≪ **generation** gap   세대차

170

The expedition will be faced with numerous obstacles.

그 원정대는 수많은 장애에 직면할 것이다.

777 ☐ **expedition**
[èkspədíʃən]
- 명 원정대, 원정

778 ☐ **face**
[feis]
- 동 직면하다
- ≪ be **faced** with   ~에 직면하다

779 ☐ **numerous**
[njú:mərəs]
- 형 수많은
- * numeral   형 수의, 수를 나타내는
-                  명 숫자

780 ☐ **obstacle**
[ábstəkl]
- 명 장애 (물), 방해

171

> The friction chiefly stems from Korea's trade surplus with the United States.
>
> 마찰은 주로 한국의 대미무역 흑자에서 발생하고 있다.

781 ☐ **friction**
[frík∫ən]
- 명 마찰, 불화

782 ☐ **chiefly**
[t∫íːfli]
- 부 주로
- ＊ chief 형 최고의, 주요한

783 ☐ **trade**
[tréid]
- 명 무역, 상업
- 동 무역하다, 매매하다

784 ☐ **surplus**
[sə́ːrpləs]
- 명 흑자, 잉여금
- 형 남은, 잉여의

172

> As a specific instance of misunderstanding the following may be quoted.
>
> 오해의 명확한 실례로서, 다음과 같은 것을 인용할 수 있다.

785 ☐ **specific**
[spisífik]
- 형 명확한, 특정의
- ＊ specify 동 명확히 말하다

786 ☐ **instance**
[ínstəns]
- 명 실례, 예
- ≪ for **instance** 예를 들면

787 ☐ **misunderstanding**
[mìsʌndərstǽndiŋ]
- 명 오해, 잘못 생각함
- ＊ misunderstand 동 오해하다

788 ☐ **following**
[fálouiŋ]
- 명 [the~] 다음에 말하는 것

789 ☐ **quote**
[kwóut]
- 동 인용하다
- ＊ quotation 명 인용, 인용문

174	☐ **savage oppression**	포악한 압제
	☐ **take up arms**	무기를 손에 들다
175	☐ **genius and insanity**	천재와 광기
176	☐ **deliver *one's* speech**	연설하다
177	☐ **display *one's* ability**	능력을 과시하다
178	☐ **sweet illusion**	달콤한 환상
179	☐ **release the hostages**	인질을 해방하다
	☐ **on humanitarian grounds**	인도적인 이유로
180	☐ **mutual benefit of its members**	회원들의 상호 이익
181	☐ **cope with *one's* present difficulties**	현재의 난국에 대처하다
182	☐ **insurance company**	보험 회사
	☐ **war zone**	전쟁 지역
183	☐ **be lost in memories**	추억에 빠지다
184	☐ **miss the train**	열차를 놓치다
185	☐ **wide range of interests**	광범위한 관심
	☐ **be at a loss for topics**	여러 화제에 대해 당황하다
187	☐ ***one's* unexpected death**	뜻밖의 죽음
	☐ **fragile nature of life**	인생의 허무함

188	☐ gratify *one's* hunger for	～의 갈망을 충족시키다
	☐ vigorous applause	힘찬 박수갈채
189	☐ have a cough	기침하다, 기침이 나다
	☐ have a sore throat	목이 아프다
	☐ have a low fever	열이 조금 있다
190	☐ moderate exercise	적당한 운동
191	☐ reflect a worrying trend	걱정스런 경향을 반영하다
192	☐ fired employee	해고된 종업원
	☐ take to drinking	음주에 빠지게 되다
193	☐ devote one's life to	일생을 ～에게 바치다
	☐ attain civil rights	공민권을 획득하다
194	☐ in medieval times	중세에는
	☐ ridiculous superstitions	터무니없는 미신
195	☐ hold back complaints	불평을 억제하다
	☐ have good arguments	적절한 논쟁을 하다
198	☐ captain and his men	선장과 선원들
	☐ at the mercy of	～의 처분대로, ～에 좌우되어
199	☐ catch a glimpse of	～을 잠깐 [슬쩍] 보다
201	☐ abstain from luxuries	사치를 삼가다
	☐ live a simple life	검소한 삶을 살다
202	☐ quarrel and split with each other	서로 싸워서 헤어지다

173

The poor orphan had little opportunity to obtain an education.

그 불쌍한 고아는 교육을 받을 기회가 거의 없었다.

790 □ **poor**
[puər]
ㆻ 불쌍한, 가련한

791 □ **orphan**
[ɔ́ːrfən]
ㅁ 고아
* orphanage ㅁ 고아원

792 □ **opportunity**
[ὰpərtjúːnəti]
ㅁ 기회

793 □ **obtain**
[əbtéin]
ㅌ 받다, 얻다, 획득하다

794 □ **education**
[èdʒukéiʃən]
ㅁ 교육
* educational ㆻ 교육의, 교육적인
* educate ㅌ 교육하다

174

Savage oppression provoked the people to take up arms.

포악한 압제에 자극받아 사람들은 무기를 손에 들게 되었다.

795 □ **savage**
[sǽvidʒ]
ㆻ 포악한, 야만적인
ㅁ 야만인, 미개인

796 □ **oppression**
[əpréʃən]
ㅁ 압제, 압박
* oppress ㅌ 압박하다, 학대하다

797 □ **provoke**
[prəvóuk]

- 동 화나게 하다, 자극하여 ~시키다
- * provocative 형 성나게 하는, 도발하는

798 □ **take up**

손에 들다, 집어 들다, (문제 등을) 제기하다
(시간·장소 등을) 잡다, 차지하다

799 □ **arms**
[ɑ:rmz]

- 명 무기 (weapon)

175

It is said that there's only a slight difference
between genius and insanity.

천재와 광기는 종이 한 장 차이라고들 말한다.

800 □ **difference**
[dífərəns]

- 명 상이, 차이
- « make no **difference**
  차이가 없다, 중요하지 않다
- * different 형 다른 (⇔ same 같은)
- « be **different** from ~와 다르다

801 □ **genius**
[dʒíːniəs]

- 명 천재, 재능

802 □ **insanity**
[insǽnəti]

- 명 광기, 정신이상
- * insane 형 미친

176

The overflowing crowd cheered its assent as he delivered his speech.

넘쳐 나는 군중은 그가 연설을 하자 찬성의 갈채를 보냈다.

803 □ **overflowing**
[òuvərflóuiŋ]
- 형 넘치는, 넘쳐 흐르는
- ＊ overflow 동 (사람이) 넘쳐 나다, 범람하다

804 □ **crowd**
[kráud]
- 명 군중, 인파
- 동 군집하다, 몰려들다
- ＊ crowded 형 붐비는, 혼잡한

805 □ **cheer**
[tʃiər]
- 동 갈채를 보내다, 환성을 지르다
- 명 갈채, 환호
- ＊ cheerful 형 쾌활한, 즐거운

806 □ **assent**
[əsént]
- 명 찬성, 동의
- 동 동의하다, 찬성하다

807 □ **deliver**
[dilívər]
- 동 (연설·설교를) 하다, 배달하다
- ≪ **deliver** a speech 연설하다
- ＊ delivery 명 배달, 인도, 강연

177

When somebody displays his ability or possessions boastfully, we say he is showing off.

누군가 자기 능력이나 소유물을 자랑스럽게 내보이면 우리는 그가 과시하고 있다고 말한다.

808 □ **display**
[displéi]
- 동 과시하다, 전시하다
- 명 과시, 전시, 진열

809 ☐ **possession**
[pəzéʃən]

명 소유물, 소유
* possess 동 소유하다, 가지다

810 ☐ **boastfully**
[bóustfəli]

부 자랑하듯이, 뽐내며
* boastful 형 자랑하는, 허풍을 떠는
* boast 동 자랑하다, 뽐내다
　　　 명 자랑(거리), 허풍

811 ☐ **show off**

과시하다

178

The sweet illusion never ceased to fascinate the bride.

달콤한 환상이 그 신부를 계속 매혹시켰다.

812 ☐ **illusion**
[ilú:ʒən]

명 환상, 착각, 환각

813 ☐ **cease**
[si:s]

동 끝나다, 그만두다
* ceaseless 형 끊임없는

814 ☐ **fascinate**
[fǽsənèit]

동 매혹시키다
* fascination 명 매혹, 매력
* fascinating 형 매료하는, 매혹적인

815 ☐ **bride**
[bráid]

명 신부 (⇔bridegroom 신랑)

179

Sooner or later, the hostages will be released on humanitarian grounds.

조만간에 인질들은 인도적인 이유로 석방될 것이다.

816 □ **sooner or later**　조만간에, 언젠가는

817 □ **hostage**
[hάstidʒ]
📗 인질

818 □ **release**
[rilíːs]
📘 석방하다, 놓아주다, 개봉하다
📗 석방, 방면, 개봉

819 □ **humanitarian**
[hjuːmǽnətέəriən]
📗 인도주의의, 인도적인
📗 인도주의자
＊ humanitarianism　📗 인도주의, 박애
＊ humanism　📗 인간주의, 인문주의

820 □ **ground**
[ɡraund]
📗 [~s] 이유, 근거
[the~] 지면, 땅

180

This association is a voluntary organization formed for the mutual benefit of its members.

이 협회는 회원들의 상호이익을 위해 만들어진 자발적인 단체이다.

821 □ **association**
[əsòusiéiʃən]
📗 협회, 교제, 연상
＊ associate　📘 연합하다, 연상하다, 교제하다
《 **associate** A with B
A로 B를 연상하다, A와 B를 연결지어 생각하다

822 □ **voluntary**
[vάləntèri]
📗 자발적인
＊ volunteer　📗 지원자, 자원봉사자

823 ☐ **organization**	명 단체, 조직 (화)
[ɔ́ːrɡənizéiʃən]	✳ organize 동 조직하다, (행사 등을) 계획하다
824 ☐ **form**	동 형태를 만들다, 조직하다
[fɔ́ːrm]	명 형태, 모습
825 ☐ **mutual**	형 상호의, 공통의
[mjúːtʃuəl]	
826 ☐ **benefit**	명 이익, 구제
[bénəfit]	동 ~의 이익이 된다, 이득을 보다
	✳ beneficial 형 이로운, 유용한

181

> We must devise flexible tactics to cope with our present difficulties.
>
> 우리는 현재의 난국에 대처하기 위해 융통성 있는 전략을 세워야 한다.

827 ☐ **devise**	동 궁리하다, 고안하다
[diváiz]	✳ device 명 장치, 고안물
828 ☐ **flexible**	형 융통성 있는, 유연한
[fléksəbl]	✳ flexibility 명 유연성, 적응성
829 ☐ **tactics**	명 전략, 전술
[tǽktiks]	
830 ☐ **cope with**	~에 대처하다
831 ☐ **difficulty**	명 어려움, 곤란
[dífikʌ̀lti]	

182

> Not a single insurance company will insure commercial planes flying in war zones.
>
> 전쟁 지역에서 비행하는 상업용 항공기에 보험을 들어주는 보험 회사는 단 하나도 없을 것이다.

832 □ **insurance**
[inʃúərəns]
- 명 보험
- « **insurance** agent   보험대리인

833 □ **insure**
[inʃúər]
- 동 보험에 들다

834 □ **commercial**
[kəmə́:rʃəl]
- 형 상업의, 통상의, 영리적인
- 명 상업광고, 광고방송
- * commerce   명 상업, 통상

835 □ **zone**
[zoun]
- 명 지대, 지역
- « the torrid **zone**   열대

183

> She was lost in pleasant memories of the remote past.
>
> 그녀는 먼 옛날의 즐거운 추억 속에 빠져 있었다.

836 □ **be lost in**
- ～에 빠져 있다, ～에 몰두하다

837 □ **pleasant**
[plézənt]
- 형 즐거운, 기분 좋은
- * please   동 기쁘게 하다, 만족시키다
- « be **pleased** with   ～을 기뻐하다, 마음에 들다
- * pleasure   명 기쁨, 즐거움

838 ☐ **remote**
[rimóut]

형 먼, 멀리 떨어진

839 ☐ **past**
[pǽst]

명 옛날, 과거
형 과거의, 지나간
전 (시간이) 지나서, (사람·건물 등을) 지나쳐서

184

He hurried frantically to the station, but he
missed the train by two minutes.

그는 역으로 미친듯이 서둘러 갔지만 2분 차이로 열차를 놓쳐 버렸다.

840 ☐ **hurry**
[hə́ːri]

동 서두르다, 재촉하다
명 서두름, 허둥지둥함
« in a **hurry**   서둘러서, 급히

841 ☐ **frantically**
[frǽntikəli]

부 미친듯이, 굉장히, 극도로 흥분하여
* frantic   형 극도로 흥분한, 굉장한

842 ☐ **miss**
[mis]

동 (탈 것을) 놓치다

185

The photographer has a wide range of interests and is never at a loss for topics.

그 사진가는 광범위한 분야에 관심을 가지고 있어서 여러 가지 화제에 대해서 결코 당황하는 일이 없다.

---

843 □ **photographer**
[fətágrəfər]

- 명 사진가, 카메라맨
- ☞ cameraman 명 카메라맨
- ＊ photograph 명 사진
- ＊ photography 명 사진 촬영
- ＊ photographic 형 사진의, 사진용의

---

844 □ **range**
[réindʒ]

- 명 범위, 열
- 동 정렬시키다, ~의 범위에 이르다
- ≪ **range** from A to B
  (연령·정도·범위 등이) A에서 B로 미치다

---

845 □ **interest**
[íntərəst]

- 명 관심, 이해관계
- ＊ interesting 형 흥미를 불러 일으키는
- ＊ interested 형 흥미를 갖고 있는
- ≪ He is **interesting**. 그는 재미있는 사람이다.
- ≪ He is **interested** in music.
  그는 음악에 흥미를 갖고 있다.

---

846 □ **be at a loss** 어쩔 줄 모르다, 쩔쩔매다

186

The total ethnic population of the metropolis is nearly 115,000.

대도시에 사는 소수민족의 총인구는 대략 115,000명이다.

---

847 □ **total**
[tóutl]

- 형 총계의, 완전한
- 명 총계, 총액
- 동 총계 ~이 되다, 합계하다

848 ☐ **ethnic**
[éθnik]
형 소수 민족의, 인종의

849 ☐ **population**
[pɑ̀pjuléiʃən]
명 인구, [the~ : 집합적] 주민
* populous 형 인구가 많은
≪ The city has a large **population**.
그 마을은 인구가 많다.

850 ☐ **metropolis**
[mitrɑ́pəlis]
명 [the~] 대도시, 수도
* metropolitan 형 대도시의, 수도의

851 ☐ **nearly**
[níərli]
부 거의, 대략, 간신히

187

The unexpected death of my beloved child
brought the fragile nature of life home to me.

내가 사랑했던 아이의 뜻밖의 죽음은 나에게 인생의 허무함을 절실히
느끼게 했다.

852 ☐ **unexpected**
[ʌ̀nikspéktid]
형 뜻밖의, 예기치 못한

853 ☐ **beloved**
[bilʌ́vid]
형 가장 사랑하는
명 [one's~] 가장 사랑하는 사람

854 ☐ **fragile**
[frǽdʒəl]
형 덧없는, 깨지기 쉬운, 약한

855 ☐ **home**
[houm]
부 통렬히, 가슴에 사무치게
≪ bring A **home** to B
A(진리 등)를 B(사람)에게 절실히 느끼게 하다

188

His hunger for recognition was gratified at the vigorous applause from his peers.

그의 인정받고 싶어하는 열망은 동료들의 힘찬 박수갈채로 충족되었다.

856 □	**hunger**	명 갈망, 열망, 배고픔
	[hʌ́ŋɡər]	* hungry 형 배고픈, ~을 갈망하는 (~for)
857 □	**recognition**	명 인정, 승인
	[rèkəgníʃən]	* recognize 동 인정하다, 승인하다
858 □	**gratify**	동 (사람을) 만족시키다, (욕망 등을) 충족시키다
	[ɡrǽtəfài]	* gratification 명 만족(감), 희열
859 □	**vigorous**	형 격렬한, 원기왕성한
	[víɡərəs]	* vigor 명 정력, 활력
860 □	**applause**	명 박수갈채, 칭찬
	[əplɔ́:z]	* applaud 동 박수갈채를 보내다, 칭찬하다
861 □	**peer**	명 동료, (나이, 지위 등이) 동등한 사람
	[piər]	

189

I have coughs and a sore throat, and what is worse I have a low fever.

나는 기침이 나고 목도 아프며, 게다가 열이 조금 있다.

862 □	**cough**	명 기침, 헛기침
	[kɔ́:f]	동 기침하다
		‹‹ have a **cough** 기침이 나다

| 863 ☐ **sore** | 형 아픈 |
| [sɔːr] | ‹‹ have a **sore** throat 목이 아프다 |

| 864 ☐ **what is worse** | 설상가상으로 |

865 ☐ **fever**	명 열, 발열
[fíːvər]	‹‹ a slight **fever** 미열
	* feverish 형 열이 있는, 열광적인

190

Moderate exercise is fundamental to good health.

적당한 운동은 건강에 절대적으로 필요하다.

| 866 ☐ **moderate** | 형 적당한, 절도 있는 |
| [mάdərət] | * moderation 명 (정도에) 알맞음, 절제 |

| 867 ☐ **exercise** | 명 운동, 연습 |
| [éksərsàiz] | 동 운동하다, 연습하다 |

| 868 ☐ **fundamental** | 형 중요한, 필수의, 기본적인 |
| [fʌndəméntl] | 명 [~s] 기본, 근본 |

869 ☐ **health**	명 건강, 건강상태
[hélθ]	‹‹ be in good **health** 건강하다
	* healthy 형 건강한, 건전한

191

The figures are only approximate but they reflect
a worrying trend.

그 숫자는 대략적인 것에 불과하지만, 걱정스러운 경향을 반영하고 있다.

---

870 □ **figure**
[fígjər]

- 명 숫자, 모습, 인물
- « She has a good **figure**.
  그녀는 스타일이 좋다.

---

871 □ **approximate**
[əpráksəmèit]

- 형 대략의, 가까운, 비슷한
- * approximately 부 대략, 약

---

872 □ **reflect**
[riflékt]

- 동 반영하다, 비추다
- * reflection 명 반사, 반영

---

873 □ **worrying**
[wɔ́:riŋ]

- 형 걱정되는, 귀찮은
- * worry 동 걱정하다
  명 걱정

---

874 □ **trend**
[trénd]

- 명 경향, 유행

192

In great disappointment the fired employee
took to drinking.

그 해고된 종업원은 매우 낙담해서 음주에 빠지게 되었다.

---

875 □ **disappointment**
[dìsəpɔ́intmənt]

- 명 실망, 낙담
- « in great **disappointment**
  크게 실망하여, 매우 낙담해서
- « to one's **disappointment**
  실망스럽게도
- * disappoint 동 실망시키다
- « be **disappointed** at ~에 실망하다

876 ☐ **fire**
[fáiə*r*]
동 해고하다, 불을 붙이다
명 불, 화재

877 ☐ **employee**
[implɔ́ii:]
명 종업원, 사원 (⇔employer 고용주)
* employ 　 동 고용하다
* employment 　 명 고용, 사용

878 ☐ **take to**
~에 빠지다, ~가 습관이 되다
~을 좋아하게 되다

193

He devoted his life to attaining civil rights for all citizens of the United States.

그는 미국 전국민의 공민권 획득을 위해 일생을 바쳤다.

879 ☐ **devote**
[divóut]
동 (노력, 시간 등을) 바치다, 오로지 ~하다
« **devote** oneself to
~에 일신을 바치다, ~에 전념하다
* devotion 　 명 헌신, 애착

880 ☐ **attain**
[ətéin]
동 획득하다, 달성하다
* attainment 　 명 달성, 획득

881 ☐ **civil**
[sívəl]
형 시민의, 공민의

882 ☐ **right**
[rait]
명 권리 (⇔duty), 정의, 공정

883 ☐ **citizen**
[sítəzən]
명 국민, 공민, 시민
* citizenship 　 명 시민권

194

> In medieval times, many people believed in ridiculous superstitions.
>
> 중세에는 터무니없는 미신을 믿는 사람이 많았다.

884 □	**medieval** [mìːdiíːvəl]	형 중세의, 중세풍의
885 □	**believe in**	~의 존재를 믿다, ~의 가치를 믿다
886 □	**ridiculous** [ridíkjuləs]	형 터무니없는, 우스꽝스러운 ✳ ridicule　동 비웃다, 조롱하다 　　　　　명 비웃음, 조소
887 □	**superstition** [sùːpərstíʃən]	명 미신 ✳ superstitious　형 미신적인, 미신을 믿는

195

> Instead of holding back frustrations and complaints, couples should have good arguments.
>
> 불만과 불평을 억제하지 말고 부부는 적절한 논쟁을 해야 한다.

888 □	**instead of**	~하지 않고, ~대신에
889 □	**hold back**	(감정·눈물 등을) 억제하다 (진상 등을) 숨기다 « She **held** something **back**. 　그녀는 뭔가 숨기고 있었다.

890 ☐ **frustration** 　명 욕구 불만, 좌절
　　[frʌstréiʃən] 　＊ frustrate 　동 (계획 등을) 무산시키다, 좌절시키다

891 ☐ **complaint** 　명 불평, 불만
　　[kəmpléint] 　＊ complain 　동 불평하다, 투덜거리다

892 ☐ **couple** 　명 부부, 남녀 한 쌍
　　[kʌ́pl] 　≪ a **couple** of 　두 개 (사람)의~, 두 서넛의

893 ☐ **argument** 　명 논쟁, 논의
　　[áːrɡjumənt] 　＊ argue 　동 ~을 논의하다, ~라고 주장하다

196

> Those diverse elements melted into the absolute unity.
>
> 그 다양한 요소들이 점점 변화되어 완전한 통일체가 되었다.

894 ☐ **diverse** 　형 다양한, 다른
　　[daivə́ːrs] 　＊ diversity 　명 상이(점), 다양성

895 ☐ **element** 　명 요소, 성분, 원소
　　[éləmənt] 　＊ elementary 　형 초보의, 기본의

896 ☐ **melt** 　동 점점 변하다, 녹다
　　[melt] 　≪ The clouds **melted** into rain.
　　　　구름이 비로 변했다.

897 ☐ **absolute** 　형 완전한
　　[ǽbsəlùːt] 　　절대적인 (⇔relative 상대적인)

898 ☐ **unity** 　명 통일체, 단일(성)
　　[júːnəti] 　＊ unite 　동 결합하다, 통합하다

197

> Not to mention him in the least is rather cruel, isn't it?
>
> 그에 대해서 절대로 언급하지 않겠다니 꽤 잔혹하군, 그렇지 않은가?

899 □ **not(~) in the least** 결코 ~않다, 조금도 ~않다

900 □ **mention** 동 언급하다, ~의 이름을 들먹이다
[ménʃən]

901 □ **rather** 부 꽤, 상당히
[ræðər]
☞ rather는 quite, fairly보다 의미가 강하고,
일반적으로 바람직하지 못한 뜻을 가진 말을 수식한다.

198

> For a fortnight the captain and his men were adrift, at the mercy of the dreadful storm.
>
> 2주 동안 선장과 선원들은 무서운 폭풍이 치는 대로 표류하고 있었다.

902 □ **fortnight** 명 《주로 영국식 영어에서》 2주일 (two weeks)
[fɔ́ːrtnàit] [fourteen + night]

903 □ **captain** 명 장, 선장
[kǽptin]

904 □ **adrift** 형 표류하여, 정처없는
[ədríft] * drift 명 표류, 흐름
동 떠돌다, 표류하다

905 ☐ **mercy**
[má:*r*si]
- 명 자비, 정
- « at the **mercy** of ～의 처분대로, ～에 좌우되어
- * merciful 형 자비로운 (⇔ merciless 무자비한)

906 ☐ **dreadful**
[drédfəl]
- 형 무서운, 무시무시한

907 ☐ **storm**
[stɔ́:*r*m]
- 명 폭풍, 폭풍우
- * stormy 형 폭풍의 (⇔ calm), 격심한

199

We caught a momentary glimpse of the tyrant as he passed by.

폭군이 지나갈 때 우리는 순간적으로 그를 흘끗 보았다.

908 ☐ **momentary**
[móuməntèri]
- 형 순간적인, 눈깜짝할 사이의
- * momentous 형 중대한, 중요한
- * moment 명 순간, (어느 특정한) 때
- « (at) any **moment** 언제든지, 지금이라도

909 ☐ **glimpse**
[ɡlimps]
- 명 흘끗 보는 것, 한 번 봄
- 동 흘끗 보다
- « catch a **glimpse** of 흘끗 보다

910 ☐ **tyrant**
[táiərənt]
- 명 폭군, 전제군주
- * tyranny 명 압제, 전제정치

911 ☐ **pass**
[pæs]
- 동 지나가다, 통과하다
- « I **passed** by her.
  나는 그녀의 옆을 지나갔다.

200

His **eloquent** and **touching** **address** **inspired** me with **courage** and **confidence**.

그의 설득력 있고 감동적인 연설은 내게 용기와 자신감을 불어넣어 주었다.

912 ☐ **eloquent**
[éləkwənt]
- 형 웅변의, 설득력 있는, 감명적인
- * eloquence 명 웅변

913 ☐ **touching**
[tʌ́tʃiŋ]
- 형 감동적인, 감동시키는
- * touch 동 ~에 닿다, 감동시키다

914 ☐ **address**
[ədrés]
- 명 연설, 강연, 주소
- 동 ~에게 연설하다, ~에게 말을 걸다

915 ☐ **inspire**
[inspáiər]
- 동 (사상·감정을) 일어나게 하다 (with), 격려하다
- * inspiration 명 영감, 격려

916 ☐ **courage**
[kə́:ridʒ]
- 명 용기, 배짱 (⇔cowardice 겁이 많음)
- * courageous 형 용기 있는

917 ☐ **confidence**
[kánfədəns]
- 명 자신, 신뢰
- * confident 형 확신하고 있는, 자신만만한
- * confidential 형 비밀의, 내심의

201

The **self-made** billionaire **abstained** from **luxuries** and lived a simple life.

그 자수성가한 억만장자는 사치를 삼가고 검소한 삶을 살았다.

918 ☐ **self-made**
[sélfméid]
- 형 자수성가한

919 ☐ **billionaire**
[bìljənɛ́ər]
- 명 억만장자, 대부호
- ☞ millionaire 백만장자
- ＊ billion 명 10억

920 ☐ **abstain**
[əbstéin]
- 동 삼가다, 절제하다, 끊다 (from)

921 ☐ **luxury**
[lʌ́kʃəri]
- 명 사치, 호화로움
- ＊ luxurious 형 사치스러운, 호화로운

202

> If it had not been for his mediation, we could have quarreled and split with each other.
>
> 그의 중재가 없었다면 우리는 서로 싸워서 헤어졌을 것이다.

922 ☐ **mediation**
[mì:diéiʃən]
- 명 중재, 조정, 화해
- ＊ mediate 동 조정(중재)하다, 화해시키다

923 ☐ **quarrel**
[kwɔ́:rəl]
- 동 싸우다, 말다툼하다
- 명 다툼, 싸움
- ＊ quarrelsome 형 싸우기 좋아하는

924 ☐ **split**
[split]
- 동 찢어지다, 사이가 나빠지다, 헤어지다
- 명 갈라진 금, 분열, 불화

203	□ restrain *one's* fury	격정을 억제하다
	□ leap to *one's* feet	벌떡 일어서다
204	□ neighboring town	인근 마을
205	□ city dwellers	도시 거주자
	□ within easy reach of	~의 손이 쉽게 닿는 곳에
206	□ take delight in	~을 기뻐하다, ~을 낙으로 삼다
207	□ zealous advocate	열렬한 옹호자
	□ abolition of the death penalty	사형 폐지
208	□ undergo strict health checks	엄격한 건강진단을 받다
	□ at regular intervals	정기적으로
209	□ be struck by the awe	경외심에 감동하다
	□ solemn beauty	장엄한 아름다움
210	□ persist in *one's* ways	자신의 방식을 고집하다
211	□ urgent business	급한 용무
	□ attend the funeral	장례식에 참석하다
212	□ monotonous tasks	단조로운 일
214	□ answer the phone	전화를 받다
215	□ The question is whether~	문제는 ~인가 아닌가 하는 것이다
	□ advantage and disadvantage	유리한 점과 불리한 점
217	□ technological innovation	기술 혁신
	□ bring about automation	자동화를 가져오다

218	☐ **embarrassing scandal**	곤혹스러운 스캔들
	☐ **resign *one's* job**	사직하다
219	☐ **enhance plant growth**	식물의 성장을 촉진시키다
220	☐ **get out of hand**	손쓸 수 없게 되다
	☐ **once (and) for all**	단호하게
221	☐ **forbid sexual harassment**	성희롱을 금지하다
222	☐ **participate in the conspiracy**	음모에 가담하다
	☐ **overthrow the regime**	정권을 무너뜨리다
223	☐ **water level**	수위
	☐ **swollen river**	불어난 강
224	☐ **conceal *one's* true intention**	본심을 숨기다
225	☐ **foster rebellion**	반항심을 키우다
226	☐ **thread a needle**	바늘에 실을 끼우다
227	☐ **drug addicts**	마약 중독자
228	☐ **cheat on an examination**	시험에서 부정 행위를 하다
230	☐ **religious conventions**	종교상의 관습
231	☐ **agree to the proposition**	그 제안에 동의하다
	☐ **be worth considering**	잘 생각해 볼 가치가 있다
232	☐ **chief editor**	편집장
	☐ **subscribers of the magazine**	그 잡지의 구독자

203

Unable to restrain his fury any more, he leaped to his feet.

더 이상 격정을 억제할 수 없게 되어 그는 벌떡 일어서었다.

925 □ **restrain**
[ristréin]
- 동 억제하다, 억누르다
- ＊ restraint 명 억제, 구속

926 □ **fury**
[fjúəri]
- 명 격정, 분노
- ＊ furious 형 격노한, 격심한

927 □ **any more**
[부정문, 의문문에서] 이제는, 더 이상 (~없다)

928 □ **leap**
[li:p]
- 동 뛰다 (jump)
- 명 높이[멀리] 뛰는 것, 도약
- « **leap** to one's feet 벌떡 일어서다

204

The neighboring town is noted for a center of pottery manufacture.

인근 마을은 도기 제조업의 중심지로 유명하다.

929 □ **neighboring**
[néibəriŋ]
- 형 근처의, 옆의
- ＊ neighbor 명 근처에 사는 사람, 이웃
- ＊ neighborhood 명 근처, 부근

930 □ **noted** [nóutid]
- 형 유명한, 저명한

931 □ **center**
[séntər]
- 명 중심지, 중심
- 동 집중시키다, 중심을 두다
- « **center** A on B A를 B에 집중시키다

932 □ **pottery**
[pátəri]
- 명 도기(류)

933 □ **manufacture**
[mæ̀njufǽktʃər]
- 명 제조업, 제조
- 동 제조하다

205

The automobile has brought city dwellers within easy reach of green and solitude.

자동차 덕분에 도시에 살고 있는 사람들도 산록이 있는 인적 드문 곳에 쉽게 찾아갈 수 있게 되었다.

---

934 ☐ **automobile**
[ɔ́ːtəməbìːl]

명 자동차   ☞ 일반적인 단어는 car
명 자동차의

---

935 ☐ **dweller**
[dwélər]

명 거주자, 주민
* dwell 동 살다   ☞ 일반적인 단어는 live
《 **dwell** on   ~에 유의하다, 자세히 설명하다

---

936 ☐ **reach**
[riːtʃ]

명 닿는 범위, 닿는 거리
《 within easy **reach** of   ~의 손이 쉽게 닿는 곳에

---

937 ☐ **solitude**
[sálətjùːd]

명 쓸쓸한 곳, 고독
* solitary 형 인적이 없는, 외딴
☞ lonely 형 고독한, 인적이 드문

206

Vulgar people take great delight in the faults and follies of great men.

저속한 사람들은 위인들의 결점과 어리석음을 보는 것을 큰 낙으로 삼는다.

---

938 ☐ **vulgar**
[vʌ́lgər]

명 저속한, 야비한

---

939 ☐ **fault**
[fɔːlt]

명 결점, 실수
《 find **fault** with   흠을 찾다, 비난하다

---

940 ☐ **folly**
[fɑli]

명 어리석음, 어리석은 행동

207

He is a zealous advocate of the abolition of the
death penalty.

그는 사형 폐지론의 열렬한 옹호자이다.

---

941 ☐ **zealous**
[zéləs]
- 형 열렬한, 열심인
- ＊ zeal 명 열심, 열의

942 ☐ **advocate**
[ǽdvəkət/-kèit]
- 명 옹호자, 지지자
- 동 [ǽdvəkèit] 옹호하다

943 ☐ **abolition**
[æ̀bəlíʃən]
- 명 폐지, 철폐
- ＊ abolish 동 폐지하다

944 ☐ **penalty**
[pénəlti]
- 명 형벌, 벌금
- ≪ death **penalty** 사형

208

Airline pilots undergo very strict health checks
at regular intervals.

정기 항공의 조종사는 정기적으로 매우 엄격한 건강진단을 받는다.

---

945 ☐ **airline**
[ɛ́ərlàin]
- 명 정기 항공(로), 최단 거리

946 ☐ **undergo**
[ʌ̀ndərgóu]
- 동 (시험·수술 등을)받다, (고난을) 견디다,
  경험하다

947 ☐ **strict**
[stríkt]
- 형 엄격한, 엄한

948 ☐ **interval**
[íntərvəl]
- 명 간격
- ≪ at **intervals** 때때로
- ≪ at regular **intervals**
  정기적으로, 일정 간격으로

209

I was struck by the awe at the sight of the solemn beauty.

나는 그 장엄한 아름다움을 보고 경외심에 감동하였다.

---

949 □ **strike**
[straik]

- 동 감동시키다, 감명을 주다
- « be **struck** by ~에 감동하다

950 □ **awe**
[ɔ:]

- 명 경외심, 두려움
- * awful 형 장엄한, 지독한, 무서운

951 □ **solemn**
[sáləm]

- 형 장엄한, 엄숙한
- * solemnity 명 엄숙, 장엄

210

There is a good deal of trouble in store for them if they persist in their ways.

그들이 자신들의 방식을 고집하는 한 많은 번거로운 일들이 그들을 기다리고 있다.

---

952 □ **trouble**
[trʌ́bl]

- 명 번거로움, 걱정, 고생
- 동 괴롭히다, 폐를 끼치다
- « take the **trouble** to do
  수고를 아끼지 않고 ~하다
- * troublesome 형 번거로운, 귀찮은

953 □ **persist**
[pərsíst]

- 동 고집하다, 끝까지 하다, 지속하다
- * persistence 명 고집, 끈질김, 영속
- * persistent 형 고집 센, 지속하는

211

Urgent business prevented me from attending the funeral.

급한 용무가 생겨서 나는 장례식에 참석할 수 없었다.

954 □ **urgent**
[ə́ːrdʒənt]
형 급한, 임박한

955 □ **prevent A from ~ing**
A가 ~하는 것을 방해하다

956 □ **attend**
[əténd]
동 참석하다, 돌보다, 주의해서 듣다
« **attend** school 통학하다
« **attend** to your teacher 선생님 말씀 잘 들어라
* attendance 명 출석, 출석자
* attention 명 주의, 배려

212

I'm fed up with the dull and monotonous tasks.

나는 지루하고 단조로운 일에 진절머리난다.

957 □ **be fed up with**
~에 진절머리가 나다, 싫증이 나다

958 □ **dull**
[dʌl]
형 지루한, 무딘, (머리가) 둔한

959 □ **monotonous**
[mənátənəs]
형 단조로운, 단순한
* monotony 명 단조, 지루함
* monotone 명 (색채·문체의) 단조로움
[mono (단일) + tone (상태)]

213

Our competitor launched one fierce offensive after another.

우리의 상대팀은 잇따라 맹렬한 공격을 시작했다.

960 □ **competitor** [kəmpétətər]	명	경쟁자, 경쟁상대
	＊	compete 동 경쟁하다
	＊	competition 명 경쟁, 경기
961 □ **launch** [lɔ́ːntʃ]	동	시작하다, 발사하다, 물에 띄우다
962 □ **fierce** [fíərs]	형	맹렬한, 사나운, 격렬한
963 □ **offensive** [əfénsiv]	명	공격
	형	공격적인, 불쾌한
	＊	offend 동 감정을 상하게 하다, 불쾌감을 주다
	＊	offense 명 공격, 위반

214

What irritates me most is the annoyance of having to answer the phone when I'm busy.

가장 짜증나는 건 바쁜데도 전화를 받지 않으면 안 되는 것이다.

964 □ **what**		(~하는) 것, (~하는) 일 (that [the thing(s)] which)
965 □ **irritate** [írətèit]	동	짜증나게 하다
	＊	irritation 명 짜증나게 함, 격앙
966 □ **annoyance** [ənɔ́iəns]	명	짜증남, 성가심
	＊	annoy 동 성가시게 굴다, 괴롭히다
967 □ **answer** [ǽnsər]	동	(전화를) 받다
	≪	**answer** the phone 전화를 받다

215

> The question is whether the advantages would compensate for[make amends for] the disadvantages.
>
> 문제는 유리한 점이 불리한 점을 보충할 것인가 아닌가 하는 것이다.

968 □ **advantage**
[ædvǽntidʒ]
- 명 유리한 점, 이익
- « take **advantage** of ～을 이용하다, 속이다
- * advantageous 형 유리한

969 □ **compensate**
[kámpənsèit]
- 동 보상하다, 메우다 (for)
- * compensation 명 보상

970 □ **amends**
[əméndz]
- 명 보상, 보충
- « make **amends** for
  ～을 보상하다, 배상하다

216

> Tourists were impressed by the magnificence of the coastal scenery.
>
> 관광객들은 해안 풍경의 장대함에 감명을 받았다.

971 □ **tourist**
[túərist]
- 명 관광객, 여행자
- 형 관광(객)의
- * tour 명 여행, 순회공연
       동 여행하다, (극단 등이) 순회하다
- ☞ 우리말의 단체여행은 group tour, package tour

972 □ **impress**
[imprés]
- 동 감명을 주다
- * impression 명 인상, 감명
- * impressive 형 인상적인, 감동적인

973 ☐ **magnificence**	명 장대함, 장려함
[mægnífəsns]	✱ magnificent 형 장대한, 장려한
974 ☐ **coastal**	형 해안의
[kóustəl]	✱ coast 명 해안, 연안
975 ☐ **scenery**	명 풍경, 경치
[sí:nəri]	✱ scenic 형 풍경의, 경치의
	✱ scene 명 풍경, 광경, (연극 등의) 장면

217

> Technological innovation **has** brought about automation **in** various fields.
>
> 기술 혁신은 여러 분야에서 자동화를 가져왔다.

976 ☐ **technological**	형 과학기술의
[tèknəládʒikəl]	✱ technology 명 과학기술
977 ☐ **innovation**	명 혁신, 쇄신
[ìnəvéiʃən]	✱ innovate 동 혁신하다, 쇄신하다
978 ☐ **bring about**	초래하다, 야기시키다 (cause)
	☞ come about [자동사] 일어나다, 발생하다 (happen)
979 ☐ **automation**	명 자동화
[ɔ̀:təméiʃən]	[automatic + operation]
980 ☐ **various**	형 여러 가지의, 다양한
[vέəriəs]	✱ variety 명 다양성, 변화
981 ☐ **field**	명 분야, 영역, 초원
[fí:ld]	

218

> After the embarrassing scandal, he had no choice
> but to resign [quit] his job.
>
> 곤혹스러운 스캔들 이후에 그는 사직할 수밖에 없었다.

---

982 □ **embarrassing**
[imbǽrəsiŋ]

- 형 곤혹스러운, 난처한
- * embarrass 동 당혹하게 하다
- * embarrassment 명 당혹, 곤혹

---

983 □ **scandal**
[skǽndl]

- 명 스캔들, 추문, 악평

---

984 □ **choice**
[tʃɔ́is]

- 명 선택의 여지, 선택(권)
- « have no **choice** but to do
  ~하는 것 외에 방법이 없다, ~하지 않을 수 없다

---

985 □ **resign**
[rizáin]

- 동 사직하다, 포기하다
- ☞ 정년이 되어 일을 그만두는 것은 retire
- « **resign** oneself to do 단념하고 ~하기로 하다
- * resignation 명 사직, 사임, 단념

---

986 □ **quit**
[kwít]

- 동 그만두다, 단념하다

219

> The addition of a compound fertilizer containing
> nitrogen will enhance plant growth.
>
> 질소를 함유한 합성비료의 첨가는 식물의 성장을 촉진시킬 것이다.

---

987 □ **addition**
[ədíʃən]

- 명 첨가, 덧셈
- « in **addition** 게다가, 더구나
- « in **addition** to ~에 더하여
- * add 동 더하다
- * additional 형 부가적인, 추가의

988 □ **compound**
[kámpaund]
- 형 합성의, 복합의
- 명 합성물, 혼합물
- 동 합성하다, 혼합하다

989 □ **fertilizer**
[fə́:rtəlàizər]
- 명 비료, 화학비료
- * fertilize 동 비옥하게 하다, 비료를 주다
- * fertile   형 비옥한 (⇔ barren 황폐한)

990 □ **contain**
[kəntéin]
- 동 함유하다, 포함하다
- * container   명 용기, 상자, 콘테이너

991 □ **nitrogen**
[náitrədʒən]
- 명 질소 (기호 : N)

992 □ **enhance**
[inhǽns]
- 동 (질·능력·가치 등을) 촉진하다, 높이다

993 □ **growth**
[gróuθ]
- 명 성장, 발전, 증가
- * grow 동 성장하다, 자라다

220

This type of bother easily gets out of hand if you
don't clear it up once (and) for all.

이런 성가신 일은 단호하게 해결하지 않으면 곧 손쓸 수 없게 된다.

994 □ **bother**
[bàðər]
- 명 성가신 일, 귀찮음
- 동 괴롭히다, 귀찮게 하다
- ≪ **bother** to do   일부러 ~하다

995 □ **clear up**
- 명확히 하다, 해결하다
- 정리하다, (비·구름이 걷히고) 개다
- ≪ The sky is **clearing up**.
  하늘이 맑아지고 있다.

996 □ **once (and) for all**
- 단호하게, 이번만

221

The new regulations explicitly forbid sexual harassment.

새로운 법규는 성희롱을 명백하게 금지하고 있다.

997 □ **regulation** 　图 법규, 규칙, 규제, 조정
[règjuléiʃən] 　* regulate 　图 규제하다, 조정하다

998 □ **explicitly** 　图 분명히, 명백하게
[iksplísitli] 　* explicit 　图 명백한, 뚜렷한

999 □ **forbid** 　图 금지하다
[fərbíd]

1000 □ **sexual** 　图 성의, 성적인
[sékʃuəl]

1001 □ **harassment** 　图 괴롭힘, 애먹음
[hərǽsmənt] 　* harass 　图 끈질기게 괴롭히다
　《 sexual **harassment**　성희롱

222

He participated in the conspiracy [plot] to overthrow the regime.

그는 정권을 무너뜨리려는 음모에 가담했다.

1002 □ **participate** 　图 참가하다, 가담하다
[pɑːrtísəpèit] 　* participation 　图 참가
　* participant 　图 참가자

1003 □ **conspiracy** 　图 음모, 공모
[kənspírəsi] 　* conspire 　图 음모하다, 공모하다

| 1004 ☐ **plot** | 명 음모, 줄거리 |
| [plát] | 동 음모하다, 몰래 꾸미다 |

| 1005 ☐ **overthrow** | 동 무너뜨리다, 뒤집다 |
| [òuvərθróu] | 명 전복, 타도 |

| 1006 ☐ **regime** | 명 정권, 제도, 체제 |
| [reiʒíːm] | |

223

> Overnight the water level in the swollen river diminished visibly.
>
> 불어난 강의 수위는 하룻밤 사이에 눈에 띌 정도로 내려갔다.

| 1007 ☐ **overnight** | 부 하룻밤 사이에, 밤새 |
| [óuvərnàit] | 형 밤새의, 일박의 |

1008 ☐ **swollen**	형 물이 불은, 부푼
[swóulən]	* swell 동 (swelled-swollen [swelled])
	부풀다, 붓다

| 1009 ☐ **diminish** | 동 줄다, 감소되다 |
| [dimíniʃ] | |

1010 ☐ **visibly**	부 눈에 띄게, 뚜렷하게
[vízəbli]	* visible 형 눈에 보이는 (⇔ invisible)
	* visual 형 시각의 (⇔ auditory 청각의)

224

He conceals his true intention under a calm
expression.

그는 온화한 표정을 보이면서 본심을 감추고 있다.

1011 ☐ **conceal**
[kənsíːl]
> 동 숨기다, 감추다

1012 ☐ **intention**
[inténʃən]
> 명 의도, 목적

1013 ☐ **calm**
[káːm]
> 형 (마음·기분 등이) 평온한, 차분한
> 동 가라앉히다, 진정시키다
> 명 조용함, 평온, 차분함

1014 ☐ **expression**
[ikspréʃən]
> 명 표정, 표현, 말주변
> ＊ express 　동 표현하다, 나타내다
> 　　　　　　 형 명시된, 명확한, 급행의 (⇔ local)
> 　　　　　　 명 급행
> ＊ expressive 　형 표정이 풍부한

225

Too rigid parental control fosters rebellion in
children.

부모의 감시가 너무 엄하면 아이들에게서 반항심이 생겨난다.

1015 ☐ **rigid**
[rídʒid]
> 형 엄격한, 완고한
> ＊ rigidity 　명 단단함, 엄격

1016 ☐ **parental**
[pəréntl]
> 형 부모(로서)의, 어버이다운

1017 □ **foster**
[fɔ́:stər]

동 촉진하다, (감정 등을) 마음에 품다,
양육하다

1018 □ **rebellion**
[ribéljən]

명 반항, 반란
* rebellious   형 반란의, 모반의
* rebel   동 반란을 일으키다
   명 반역자, 반항자

226

Her sight is equal to threading a needle without glasses.

그녀의 시력은 안경을 쓰지 않고 바늘에 실을 꿸 수 있을 정도다.

1019 □ **sight**
[sáit]

명 보는 것, 시력
« at first **sight**   첫눈에, 일견하여
« catch **sight** of   ~을 발견하다
« in **sight**   보이는, 임박한
« see the **sights** of   ~을 구경하다

1020 □ **equal**
[í:kwəl]

명 감당하는, 필적하는, (수량 · 거리 등이) 같은

1021 □ **thread**
[θréd]

동 실을 꿰다, 누비며 지나가다
명 실, 바느질 실

1022 □ **needle**
[ní:dl]

명 바늘
« thread a **needle**   바늘에 실을 꿰다

227

The tobacco company strenuously opposes the premise that smokers are drug addicts.

담배회사는 흡연자가 마약중독자라는 전제에 열렬히 반대하고 있다.

1023 □ **tobacco**
[təbǽkou]

명 담배

1024 □ **strenuously**
[strénjuəsli]

부 열렬히, 격하게
* strenuous 형 격심한

1025 □ **oppose**
[əpóuz]

동 ~에 반대하다, 이의를 제기하다
« be **opposed** to ~에 반대이다
* opposition 명 반대, 대립

1026 □ **premise**
[prémis]

명 전제, [~s] 토지, 부동산
« the **premise** that ~라는 전제

1027 □ **smoker**
[smóukər]

명 흡연자

1028 □ **drug addict**

약물[마약] 중독자
* drug 명 약
* addict 명 상용자, 중독환자

228

He caught an examinee cheating on the entrance examination.

그는 한 수험생이 입학시험에서 부정 행위를 하고 있는 것을 발견했다.

1029 □ **examinee**
[igzǽməní:]

명 수험자, 조사받는 사람 (⇔examiner 시험관)
* examine 동 조사하다, 시험하다
* examination 명 조사, 검사

1030 □ **cheat**
[tʃi:t]

동 속이다, 협잡(부정)을 하다

1031 □ **entrance**
[éntrəns]

명 입학, 입구
* entry 명 들어감, 입학
* enter 동 들어가다, 입학하다

229

Other findings of the survey confirmed this conclusion.

다른 조사결과도 이 결론이 올바른 것임을 확증했다.

1032 □ **finding**
[fáindiŋ]

명 [~s] (조사·연구 등의) 결과, 발견(물)

1033 □ **survey**
[sərvéi]

명 조사, 개관
동 전체적으로 바라보다, 조사하다

1034 □ **confirm**
[kənfə́:rm]

동 확증하다, 확인하다
* confirmation 명 확인, 확증

1035 □ **conclusion**
[kənklú:ʒən]

명 결론, 결말
* conclude 동 결론을 내리다, 끝내다
* conclusive 형 결정적인

230

He's intensely curious about the tribe's religious conventions.

그는 그 부족의 종교상의 관습에 대해 몹시 알고 싶어한다.

1036 □ **intensely**
[inténsli]

부 열렬하게, 열심히
* intense 형 강렬한, 열정적인
* intensify 동 강화하다, 증대하다
* intensity 명 강렬, 격렬, 집중

1037 □ **curious**
[kjúəriəs]

형 호기심이 강한, 호기심을 불러일으키는
* curiosity 명 호기심, 진기한 것

1038 □ **tribe**
[tráib]

명 부족, 족속

1039 □ **religious**
[rilídʒəs]

형 종교의, 신앙심이 깊은
* religion 명 종교, 신앙

1040 □ **convention**
[kənvén∫ən]

명 관습, 집회
* conventional 형 전통적인, 틀에 박힌

231

I'm not ready to agree to the proposition right now but it's definitely worth considering.

나는 지금 당장 그 제안에 동의할 마음은 없지만 분명히 잘 생각해 볼 가치는 있다.

1041 ☐ **agree to**

동의하다, 찬성하다

☞ agree with   의견이 일치하다, 찬성하다

1042 ☐ **proposition**
[prὰpəzíʃən]

명 제안, 제의

* propose   동 제안하다
* proposal   명 제안

1043 ☐ **right now**

지금 당장, 곧

1044 ☐ **definitely**
[défənitli]

부 분명히, 명확히

* definite   형 명확한, 일정한 (⇔ indefinite)

1045 ☐ **worth**
[wəːrθ]

형 ~의 가치가 있는

명 가치, 진가

* worthy   형 가치가 있는, 존경할 만한
* be **worth** ~ing   ~할 가치가 있다

1046 ☐ **consider**
[kənsídər]

동 잘 생각하다, 고려하다

* **consider** A (to be) B
  (잘 생각해 본 결과) A를 B라고 생각하다
* consideration   명 숙고, 사려
* considerate   형 동정심 있는, 신중한

232

> When the publisher hired the new chief editor,
> the number of subscribers of the literary
> magazine multiplied.
>
> 그 출판사가 신임 편집장을 고용하자 그 문예잡지의 구독자수가 늘어났다.

1047 ☐ **publisher**
[pʌ́bliʃər]

명 출판사, 발행자
* publish 동 출판하다, 발행하다

1048 ☐ **hire**
[háiər]

동 고용하다, 빌리다

1049 ☐ **editor**
[édətər]

명 편집자
« chief **editor** 편집장
* edit 동 편집하다
* edition 명 (출판·재판의) 판
* editorial 명 사설, 논설

1050 ☐ **subscriber**
[səbskráibər]

명 예약 구독자
* subscribe 동 예약하다
* subscription 명 구독(료)

1051 ☐ **literary**
[lítərèri]

형 문예의, 문학의
* literature 명 문학, 문헌
* literate 형 읽고 쓸 수 있는
* literacy 명 읽고 쓰는 능력

1052 ☐ **multiply**
[mʌ́ltəplài]

동 늘어나다, 늘리다
* multiplication 명 증가, 곱셈

233	□ **private railroad fares**	사설 철도의 운임
234	□ **receive hearty hospitality**	마음으로부터 우러나오는 환대를 받다
	□ **stay at an inn**	여인숙에 머무르다
235	□ **guarantee freedom of religion**	종교의 자유를 보장하다
237	□ **typical feature of**	~의 전형적인 특징
	□ **boarding school life**	기숙사 학교의 생활
238	□ **scornful glance**	조소어린 시선
239	□ **be infected with germs**	병원균에 감염되어 있다
240	□ **destiny of the country**	그 나라의 운명
241	□ **precise DNA structure**	정확한 DNA 구조
	□ **human genes**	인간의 유전자
242	□ **chief executive**	사장
	□ **choose *one's* own successor**	후계자를 선택하다
243	□ **administer a country**	나라를 다스리다
245	□ **child-care facilities**	보육 시설
	□ **take steps**	조치를 취하다
246	□ **rapid changes in climate**	급격한 기후의 변화
247	□ **financial crisis**	재정 위기
248	□ ***one's* native language**	모국어
249	□ **polish up *one's* image**	인상을 좋게 하다
	□ **attract customers**	손님을 끌다

250	☐ **ruin** *one's* **reputation**	명성을 무너뜨리다
251	☐ **merchant vessel**	상선
	☐ **sail across the equator**	적도를 (배로) 횡단하다
	☐ **southern hemisphere**	남반구
252	☐ **mass emigration**	집단 이민
	☐ **competent young people**	유능한 젊은이들
253	☐ **mortality rate**	사망률
254	☐ **vanish without a trace**	흔적도 없이 사라지다
255	☐ **carry out the experiment**	실험을 실행하다
256	☐ **psychological phenomenon**	심리 현상, 심리적인 현상
257	☐ **scene of the accident**	사고 현장
258	☐ **be handed down to posterity**	후손들에게 전해지다
259	☐ **existing evils**	현존하는 폐단
260	☐ **It is no exaggeration to say that~**	~라고 해도 과언이 아니다
	☐ **crude oil**	원유
261	☐ **present a new evidence**	새로운 증거를 제시하다
	☐ **fall into a state of confusion**	혼란 상태에 빠지다
262	☐ **sense of smell**	후각
263	☐ **do things by halves**	일을 어중간하게 처리하다
	☐ **execute the plan**	계획을 실행하다

233

Private railroad fares will be raised by five percent next month.

사설 철도 운임이 다음달에 5% 인상됩니다.

1053 □ **railroad**
[réilròud]

🟢명 철도 (railway)

1054 □ **fare**
[feə*r*]

🟢명 운임, 요금

☞ '요금·가격' 의 유의어

charge : (서비스에 대한) 요금, 공공요금

toll : (유료도로 등의) 통행료

fee : (변호사 등의 전문직 사람에게 지불하는) 사례금, 수업료

price : 상품의 가격

cost : (일반적인) 비용, 경비

1055 □ **raise**
[reiz]

🟢동 인상하다, 올리다

1056 □ **percent**
[pərsént]

🟢명 퍼센트, 백분

‹‹ five **percent** (percents (✕)) 5%

✱ percentage 📗명 백분율, 비율

234

I received hearty hospitality when I stayed at the rural inn.

나는 그 시골 여인숙에 묵었을 때 마음으로부터 우러나오는 환대를 받았다.

1057 □ **receive**
[risíːv]

🟢동 받다, 받아들이다

✱ receipt 📗명 영수증, 수취

✱ reception 📗명 환영, 접대

1058 ☐	**hearty** [háːrti]	형 마음에서 우러난, 정성어린, 마음이 따뜻한
1059 ☐	**hospitality** [hàspətǽləti]	명 환대, 친절한 대접 * hospitable　형 친절하게 대접하는, 극진한
1060 ☐	**stay at**	투숙하다, ~에 묵다
1061 ☐	**rural** [rúərəl]	형 시골의, 전원의 (⇔urban 도회의)
1062 ☐	**inn** [ín]	명 여인숙, 작은 여관

235

Modern constitutions guarantee freedom of religion for the individual.

현대 헌법은 개인의 종교적 자유를 보장하고 있다.

1063 ☐	**constitution** [kànstitjúːʃən]	명 헌법, 구성 * constitutional　형 헌법의, 합헌의 * constitute　동 구성하다
1064 ☐	**guarantee** [gæ̀rəntíː]	동 보증하다 명 보증(서)
1065 ☐	**freedom** [fríːdəm]	명 자유, 해방
1066 ☐	**religion** [rilídʒən]	명 종교 « believe in **religion**　종교를 믿다
1067 ☐	**individual** [ìndəvídʒuəl]	명 개인 형 개인의, 개개의 * individuality　명 개성, 인격, 개인

236

The booklet concisely explains how to use the sewing machine.

그 소책자는 그 재봉틀 사용법을 간결하게 설명하고 있다.

1068 □ **booklet**
[búklit]

명 소책자, 팸플릿

1069 □ **concisely**
[kənsáisli]

부 간결하게, 간단명료하게
* concise   형 간결한, 간단명료한

1070 □ **explain**
[ikspléin]

동 설명하다
* explanation   명 설명

1071 □ **sewing**
[sóuiŋ]

명 재봉, 바느질
* sew   동 깁다

237

Bullying is a typical feature of boarding school life.

남을 못살게 구는 일은 기숙사 학교 생활의 전형적인 특징이다.

1072 □ **bullying**
[búliiŋ]

명 괴롭힘
* bully   동 못살게 굴다, 협박하다
    명 약한 사람을 괴롭히는 사람

1073 □ **typical**
[típikəl]

형 전형적인, 특유의, 대표적인
« be **typical** of   ~을 대표하고 있는

1074 □ **feature**
[fí:tʃər]

명 특징, 얼굴의 일부
동 특색으로 삼다

1075 □ **boarding school**

기숙사 학교 (⇔day school 통학제 학교)
* board 동 (식사가 제공되는) 하숙을 하다[시키다],
(배·열차·버스 등에) 올라타다 (get on)
명 (가늘고 긴) 판자, (하숙집에서의) 식사,
끼니 (meals), 위원회
☞ 탁자를 둘러싸고 이뤄지는 것 → 식사,
위원회

238

The heartless nobleman cast a scornful glance at the shabbily dressed girl.

그 비정한 귀족은 초라한 차림의 소녀에게 조소어린 시선을 던졌다.

1076 □ **heartless**
[háːrtlis]

형 비정한, 무정한

1077 □ **nobleman**
[nóublmən]

명 귀족
* noble 형 고결한, 숭고한
* nobility 명 고결함, 숭고

1078 □ **scornful**
[skɔ́ːrnfəl]

형 조소적인, 경멸하는
* scorn 명 경멸, 조소
동 경멸하다

1079 □ **glance**
[glæns]

명 흘끗 보는 것
« cast a **glance** at ~을 흘끗 보다

1080 □ **shabbily**
[ʃǽbili]

부 초라하게, 누더기를 걸치고
* shabby 형 초라한, 누더기의

1081 □ **dressed**
[drést]

형 차림새를 한, 옷을 입은
* dress 동 옷을 입히다

239

All **poultry inspected** so far have been found to be **infected** with **germs**.

지금까지 검사받은 모든 가금은 병원균에 감염되어 있었다.

1082 ☐ **poultry** [póultri]	명 [집합적; 복수 취급] 가금(家禽)
1083 ☐ **inspect** [inspékt]	동 면밀히 조사하다 ✳ inspection 명 조사, 검사
1084 ☐ **infect** [infékt]	동 감염시키다, 병을 옮기다 ✳ infection 명 전염, 감염 ✳ infectious 형 전염성의, 전염력을 가진
1085 ☐ **germ** [dʒəːrm]	명 병원균, 병균

240

Geographical factors determined the **destiny** of the country.

지리적인 요인들이 그 나라의 운명을 결정했다.

1086 ☐ **geographical** [dʒìːəɡrǽfikəl]	형 지리적인, 지리학의 ✳ geography 명 지리학, 지리
1087 ☐ **factor** [fǽktər]	명 요인, 요소
1088 ☐ **determine** [ditə́ːrmin]	동 결정하다, 결심하다 « be **determined** to do 　~할 것을 결심하고 있다 ✳ determination 명 결심, 결의
1089 ☐ **destiny** [déstəni]	명 운명

241

Scientists want to ascertain the precise DNA structure of all human genes.

과학자들은 모든 인간 유전자의 정확한 DNA 구조를 확인해 보고 싶어한다.

1090 □	**scientist** [sáiəntist]	명 과학자
1091 □	**ascertain** [æsərtéin]	동 확인하다
1092 □	**precise** [prisáis]	형 정확한, 명확한
1093 □	**structure** [strʌ́ktʃər]	명 구조, 조직
1094 □	**gene** [dʒi:n]	명 유전자, 유전 인자

242

The chief executive is entitled to choose his own successor.

사장에게는 자신의 후계자를 선택할 권리가 있다.

1095 □	**executive** [igzékjutiv]	명 경영자, 중역 형 집행력이 있는, 행정적인 « chief **executive**　사장
1096 □	**entitle** [entáitl]	동 ~에 권리를 부여하다 « be **entitled** to　~할 권리 (자격)가 있다
1097 □	**choose** [tʃú:z]	동 고르다 * choice　명 선택, 선택권
1098 □	**successor** [səksésər]	명 후계자, 후임자 * succeed　동 뒤를 잇다, 상속하다

243

> Throughout his reign the emperor administered his country benevolently.
>
> 재위기간 동안 황제는 그의 국가를 선정(善政)으로 다스렸다.

1099 □ **throughout** [θru:áut]	전 ~동안 내내, ~을 두루
1100 □ **reign** [réin]	명 재위기간, 통치, 군림 동 통치하다, 군림하다
1101 □ **emperor** [émpərər]	명 황제
1102 □ **administer** [ædmínistər]	동 다스리다, 운영하다 ∗ administration 명 행정, 통치 ∗ administrative 형 행정의, 관리의
1103 □ **benevolently** [bənévələntli]	부 인자하게, 인정많게 ∗ benevolent 형 인자한, 자비로운

244

> We waited for the judge to pronounce an appropriate sentence.
>
> 우리는 재판관이 타당한 판결을 내릴 것을 기다리고 있었다.

1104 □ **judge** [dʒʌdʒ]	명 재판관, 심판 동 재판하다, 판단하다 « **judging** from ~로 판단해 볼 때 ∗ judg(e)ment 명 재판, 심판
1105 □ **pronounce** [prənáuns]	동 언도하다, 발음하다 ∗ pronunciation 명 발음

1106 □ **appropriate** 형 적절한, 어울리는
[əpróuprièit]

1107 □ **sentence** 명 판결, 선고
[séntəns] 동 판결을 내리다

245

An increasing number of child-care facilities are taking steps to extend their hours.

점점 더 많은 보육 시설들이 보육시간을 연장하기 위해 조치를 취하고 있다.

1108 □ **increasing** 형 증가하는, 점차로 늘어나는
[inkrí:siŋ]

1109 □ **child-care** 형 보육의, 육아의
[tʃáildkɛ̀ər] * child care 명 육아, 보육

1110 □ **facility** 명 시설, 용이함
[fəsíləti] * facile 형 손쉬운, 노련한

1111 □ **take steps** 수단을 취하다, 대책을 강구하다
* step 명 수단, 조치

1112 □ **extend** 동 연장하다, 넓히다
[iksténd] * extension 명 연장, 확장
* extensive 형 넓은, 광범위한
* extent 명 정도, 범위

246

> Dinosaurs died out because they could not adapt
> themselves to rapid changes in climate.
>
> 공룡은 급격한 기후 변화에 적응할 수 없었기 때문에 멸종했다.

1113 □ **dinosaur**
[dáinəsɔ̀ːr]
🟢명 공룡

1114 □ **die out**
멸종하다, 차차 소멸하다

1115 □ **adapt**
[ədǽpt]
🟢동 맞추다, 적응시키다
« **adapt** oneself to
(새로운 환경 등에) 적응하다, 익숙해지다
* adaptation 명 적응, 순응

1116 □ **rapid**
[rǽpid]
🟢형 빠른, 급한

1117 □ **climate**
[kláimit]
🟢명 기후, 풍조

247

> At the height of financial crisis, all they could do
> was hold on.
>
> 재정 위기가 한창일 때 그들이 할 수 있는 일은 버티어 내는 것 뿐이었다.

1118 □ **height**
[hait]
🟢명 [the~] 절정, 한창
« At the **height** of ~가 한창일 때, ~의 절정에

1119 □ **financial**
[fainǽnʃəl]
🟢형 재정상의, 금전상의
* finance 명 재정, 재원

1120 □ **crisis**
[kráisis]
🟢명 위기
* critical 형 중대한, 위태로운

1121 □ **hold on**
버티다, 견디다
(전화를 끊지 않고) 기다리다 (⇔hang up 전화를 끊다)

248

The play was closely translated from Norwegian into our native language.

그 희곡은 노르웨이어에서 우리 모국어로 충실히 번역됐다.

1122	**play** [pléi]	명 희곡, 극
1123	**closely** [klóusli]	부 충실히, 밀접하게
1124	**translate** [trænsléit]	동 번역하다 ‹‹ **translate** A (from B) into C A를 B에서 C로 번역하다 ＊ translation 명 번역, 역서
1125	**Norwegian** [nɔːrwídʒən]	명 노르웨이어, 노르웨이인
1126	**native** [néitiv]	형 출생지의, 모국의 ‹‹ one's **native** language ～의 모국어

249

Polish up your image to attract more customers.

고객을 끌어들이려면 너의 인상을 깨끗이 해라.

1127	**polish** [páliʃ]	동 깨끗이하다, 닦다 (up)
1128	**image** [ímidʒ]	명 인상, 이미지
1129	**attract** [ətrǽkt]	동 끌다, 매혹하다 ＊ attractive 형 사람의 마음을 끄는, 매력적인 ＊ attraction 명 매력, 매혹
1130	**customer** [kʌ́stəmər]	명 고객, 손님

250

His harmful comments have ruined my reputation.

해를 미치는 그의 비평은 나의 명성을 무너뜨렸다.

1131 ☐ **harmful**
[háːrmfəl]

- 형 해를 끼치는, 유해한
- ＊ harm 명 해, 손해
  동 해를 입히다
- ≪ do A **harm** A에게 해를 끼치다

1132 ☐ **comment**
[kάment]

- 명 비평, 논평
- 동 비평하다, 논평하다

1133 ☐ **ruin**
[rúːin]

- 동 못쓰게 하다, 파멸시키다, 몰락시키다
- 명 파멸, 황폐

1134 ☐ **reputation**
[rèpjutéiʃən]

- 명 명성, 위신
- ＊ reputable 형 평판이 좋은, 훌륭한

251

The merchant vessel sailed across the equator into the southern hemisphere.

그 상선은 적도를 횡단해서 남반구로 들어갔다.

1135 ☐ **merchant**
[mə́ːrtʃənt]

- 형 상업의, 상인의
- 명 상인, 무역상

| 1136 □ **vessel** | 명 배, 용기 |
| [vesəl] | « a fishing **vessel** 어선 |

| 1137 □ **sail** | 동 항해하다, 출범하다 |
| [seil] | 명 돛, 범주 |

| 1138 □ **equator** | 명 적도 |
| [ikwéitər] | [equa(같은) + tor(것): 지구를 균등하게 나누는 것] |

| 1139 □ **southern** | 형 남쪽의 (⇔northern) |
| [sʌðərn] | |

| 1140 □ **hemisphere** | 명 반구 |
| [hémisfiər] | |

252

Mass emigration deprived many countries of their most competent young people.

집단 이민으로 인해 많은 나라들이 매우 유능한 젊은이들을 잃었다.

| 1141 □ **mass** | 형 집단의, 다량의, 대규모의 |
| [mæs] | 명 다량, 다수, 집단 |

| 1142 □ **emigration** | 명 (타국으로의) 이주, 이민 |
| [èmigréiʃən] | * emigrate 동 이주하다 (⇔ immigrate) |

| 1143 □ **competent** | 형 유능한, 능력 있는 |
| [kámpətənt] | * competence 명 능력, 역량 |

253

The actual mortality rate exceeded the original estimates.

현재 사망률은 당초의 예측을 뛰어넘었다.

1144 ☐ **actual**
[ǽktʃuəl]
- 형 실제의, 현실에서 발생한
- * actually 부 실제로, 현실적으로

1145 ☐ **mortality**
[mɔːrtǽləti]
- 명 사망률, 죽을 운명
- * mortal 형 죽을 운명의, 치명적인

1146 ☐ **rate**
[réit]
- 명 율, 비율
- « at any **rate** 어쨌든, 어느쪽으로 하든 좌우간에

1147 ☐ **exceed**
[iksíːd]
- 동 넘다, 이기다
- * exceedingly 부 매우, 대단히
- * excess 명 과도, 초과
- * excessive 형 과도의

1148 ☐ **original**
[ərídʒənl]
- 형 최초의, 독창적인
- 명 원형, 원물
- * originality 명 독창성
- * origin 명 기원, 시작

1149 ☐ **estimate**
[éstəmèit]
- 명 예측, 견적
- 동 대충 어림잡다, 평가하다

254

Some civilizations have vanished without any trace at all.

일부 문명은 어떤 흔적도 전혀 남기지 않고 사라져 버렸다.

1150 □ **civilization**
[sìvəlizéiʃən]
- 명 문명 (⇔barbarism 미개)
- ＊ civilize   동 문명화하다
- ＊ civilized   형 문명화된, 교양 있는

1151 □ **vanish**
[vǽniʃ]
- 동 사라지다, 보이지 않게 되다

1152 □ **trace**
[tréis]
- 명 흔적, 자국
- 동 [유래·원인·출처를] 더듬다

255

The experiment was carried out using laboratory rats.

그 실험은 실험용 쥐를 이용해서 실행되었다.

1153 □ **experiment**
[ikspérəmənt]
- 명 실험
- 동 실험하다
- ＊ experimental 형 실험의, 실험적인

1154 □ **carry out**
- 실행하다, 성취하다, 수행하다

1155 □ **laboratory**
[lǽbərətɔ̀:ri]
- 형 실험실의, 실습의
- 명 실험실

1156 □ **rat**
[rǽt]
- 명 쥐
- ☞ 시궁쥐의 일종으로 mouse (생쥐)보다 대형

256

> Her contempt for seafood is a purely psychological phenomenon.
>
> 그녀가 해산물을 경멸하는 것은 단순히 심리적인 현상이다.

1157 □ **contempt** 　명 경멸, 치욕
[kəntémpt] 　　* contemptible 　형 경멸스러운, 치사한
　　* contemptuous 　형 경멸하는, 오만한

1158 □ **seafood** 　명 해산물, 해산 식품, 생선 요리
[síːfùːd]

1159 □ **purely** 　부 단순히, 순전히, 순수하게
[pjúərli] 　* pure 　형 순수한, 불순물이 없는, 단순한

1160 □ **psychological** 　형 심리학의, 심리적인
[sàikəládʒikəl] 　* psychology 　명 심리학

1161 □ **phenomenon** 　명 현상
[finámənàn]

257

> Every available ambulance rushed to the scene of the accident.
>
> 출동 가능한 모든 구급차가 사고의 현장으로 내달렸다.

1162 □ **available** 　형 이용할 수 있는, 시간이 있는
[əvéiləbl] 　« Are you **available** now? 　지금 시간 있나요?

1163 □ **ambulance** 　명 구급차
[ǽmbjuləns]

1164 □ **rush** 　동 급히 가다, 돌진하다
[rʌʃ]

1165 □ **scene** 　명 현장, 전망
[siːn]

1166 □ **accident** 　명 사고, 우연
[ǽksədənt]

258

His scientific contributions will be handed down to posterity.

그의 과학상의 공헌은 후손들에게 전해질 것이다.

1167 □ **scientific** 　형 과학상의, 과학적인
[sàiəntífik]

1168 □ **contribution** 　명 공헌, 기부
[kàntrəbjúːʃən] 　＊ contribute 　동 공헌하다, 기부하다

1169 □ **posterity** 　명 후세, 자손
[pɑstérəti]

259

This approach can only result in the intensification of existing evils.

이 접근법은 현존하는 폐단을 한층 더 강화시키는 것에 지나지 않는다.

1170 □ **approach** 　명 접근법, 다가옴
[əpróutʃ] 　동 ~에 다가가다, 접근하다

1171 □ **result** 　동 결과가 되다, 결과로서 발생하다
[rizʌ́lt] 　명 결과
　《 as a **result** of　~의 결과로서

1172 □ **intensification** 　명 강화, 증대
[intènsəfikéiʃən] 　＊ intensify 　동 강하게 하다, 증대하다
　＊ intense 　형 강렬한, 격심한

1173 □ **existing** 　형 현존하는, 현재의
[igzístiŋ] 　＊ exist 　동 존재하다, 생존하다
　＊ existence 　명 존재, 생존

1174 □ **evil** 　명 폐단, 악
[íːvəl] 　형 나쁜, 사악한

260

It is no exaggeration to say that our lives depend [rely, count] on the continued flow of crude oil.

우리들의 생활은 끊임없이 계속되는 원유의 공급에 의존하고 있다고 말해도 과언이 아니다.

1175 □ **exaggeration** 　명 과장, 과장된 표현
[igzӕdʒəréiʃən] 　＊ exaggerate 　동 (~을) 과장하다,
　　　　　　　　　　　　　　　　　(실제보다) 부풀려 말하다

1176 □ **depend** 　동 의지하다, 의존하다 (on)
[dipénd] 　＊ dependent 　형 (남에게) 의지하는
　　　　　　　　　　　　　　(⇔independent)
　　＜＜ be **dependent** on [upon] ~에 의지하고 있는
　　＊ dependence 　명 의뢰, 의존
　　　　　　　　　　　(⇔independence 독립)

1177 □ **continued** 　형 쉼없이 계속되는, 계속되는
[kəntínjuːd] 　＊ continue 　동 계속하다

1178 □ **flow** 　명 공급(량), 유출(량)
[flou]

1179 □ **crude** 　형 천연 그대로의
[kruːd] 　＜＜ **crude** oil 　원유

261

After the new evidence was presented, the court fell into a state of confusion.

새로운 증거가 제시되자 법정은 혼란 상태에 빠졌다.

1180 □ **evidence** 　명 증거
[évədəns] 　＊ evident 　형 명백한, 명확한

1181 □ **present**
[prizént]
동 제시하다, 증정하다, ~에 출석하다
<< **present** oneself   출두하다, 출석하다
* presentation   명 증정, 제출

1182 □ **court**
[kɔːrt]
명 법정, 재판소

1183 □ **fall into a state of**   ~의 상태가 되다(빠지다)

1184 □ **confusion**
[kənfjúːʒən]
명 혼란(상태), 혼동
* confuse   동 혼란시키다, 혼동하다

262

The dog is an alert and intelligent animal with a keen sense of smell.

개는 날카로운 후각을 가진 기민하고 영리한 동물이다.

1185 □ **alert**
[ələːrt]
형 기민한, 민첩한, 방심하지 않는
명 경계상태, 경보

1186 □ **intelligent**
[intélədʒənt]
형 영리한, 지능이 높은
* intelligence   명 지능, 정보

1187 □ **keen**
[kiːn]
형 날카로운, 열심인
<< be **keen** on   ~에 열심이다

1188 □ **smell**
[smél]
명 냄새, 향기
동 냄새가 나다
<< sense of **smell**   후각

263

It's no use doing things by halves. We must decide on the whole plan and execute it.

만사를 어중간하게 처리해서는 아무 소용이 없다. 전체적인 계획을 세우고 그것을 실행해야 한다.

1189 ☐ **by halves**   (일반적으로 부정문에서) 어중간하게, 불완전하게

1190 ☐ **decide**   🔵 정하다, 결정하다
　　[disáid]   ≪ **decide** to do [doing (×)]　~하기로 하다
　　　　　　　　　　　　　　＊ decision　명 결정, 결심
　　　　　　　　　　　　　　＊ decisive　형 결정적인

1191 ☐ **execute**   🔵 실행하다, 수행하다
　　[éksikjùːt]   ＊ execution　명 실행, 수행

Life in abundance comes only through great love.

— Elbert Hubbard

풍요로운 삶은 오직 위대한 사랑을 통해서만 찾아온다.

—엘버트 허버드

Section 264-292

264	☐ compare A with B	A와 B를 비교하다
265	☐ steer the conversation to	화제를 ~로 바꾸다
266	☐ major in economics	경제학을 전공하다
267	☐ handy extinguisher	간이소화기
	☐ standard fixture	기준 비품
	☐ in anticipation of a big quake	대지진을 예상해서
269	☐ impose tough conditions on	~에 엄격한 조건을 달다
270	☐ stir up envy	선망을 부추기다
272	☐ cost of living	생활비
273	☐ popular playwright	인기 있는 극작가
274	☐ to some extent	어느 정도는
	☐ be due to inheritance	유전적 성질에 기인하다
275	☐ make *one's* living	생계를 유지하다
276	☐ tap one on the shoulder	어깨를 가볍게 치다
277	☐ animal fat	동물성 지방
278	☐ tiny creature	보잘 것 없는 생물
279	☐ bitter insult	심한 모욕
	☐ vow revenge	복수를 다짐하다
280	☐ heaven and hell	천국과 지옥
	☐ Christian doctrine	기독교 교리

281	□ **wear a disguise**	변장하다
	□ **evade detection**	발각되는 것을 피하다
282	□ **on most occasions**	대부분의 경우
	□ **social status**	사회적인 지위
283	□ **suppress** *one's* **feelings**	감정을 억제하다
	□ **get angry once in a while**	때때로 화를 내다
284	□ **considerable effort**	상당한 노력
	□ **unhealthy environment**	비위생적인 환경
285	□ **permit swift access to**	~에 빨리 갈 수 있다
286	□ **in no uncertain terms**	단호하게
287	□ **comfort the grieving child**	슬퍼하는 아이를 달래다
288	□ **just around the corner**	바로 그곳 [근처] 에
	□ **heighten** *one's* **morale**	사기를 높이다
289	□ **guess the outcome**	결과를 추측하다
290	□ **on this meager salary**	이런 빈약한 봉급으로(는)
	□ **necessities of life**	생활 필수품
291	□ **brilliant strategy**	훌륭한 작전
	□ **formidable foe**	만만치 않은 적, 강적
292	□ **retire from active service**	현역에서 물러나다
	□ **live on (a) pension**	연금으로 생활하다

264

Compare your summary with that prepared by the author.

네가 요약한 것을 저자가 요약한 것과 비교해 봐라.

1192 □ **compare**
[kəmpέər]

동 비교하다, 비유하다
* comparison 명 비교, 비유
« in **comparison** with ~와 비교해 볼 때
* comparative 형 비교의, 상대적인
* comparable 형 ~와 비교할 수 있는, 유사한

1193 □ **summary**
[sΛməri]

명 요약, 개요
* summarize 동 요약하다

1194 □ **prepare**
[pripέər]

동 준비하다
* preparation 명 준비, 채비
* preparatory 형 준비의, 예비의

1195 □ **author**
[ɔ́:θər]

명 저자, 작가

265

The businessman tactfully steered the conversation to commerce.

그 실업가는 교역쪽으로 교묘하게 화제를 바꾸었다.

1196 □ **businessman**
[bíznismæn]

명 실업가, 사업가
☞ 일반적으로 회사경영자, 사업주를 가리키나,
미국에서는 회사원 (office worker)의 의미로도 쓰인다.

1197 □ **tactfully**
[tǽktfəli]

부 교묘하게, 눈치빠르게
* tactful 형 약삭빠른, 재치 있는
* tact 명 재치, 기지

1198 □ **steer** [stíər]	동 돌리다, 이끌다
1199 □ **conversation** [kànvərséiʃən]	명 대화, 회화 ∗ conversational 형 회화(체)의, 말을 잘하는 ∗ converse 동 담화하다, 이야기하다
1200 □ **commerce** [kàmərs]	명 상업, 통상, 교역 ∗ commercial 형 상업의 명 광고(상업) 방송

266

He majored in economics in college, but he is not successful in his career as a banker.

그는 대학에서 경제학을 전공했지만 은행가로서의 경력은 성공적이지 못하다.

1201 □ **major** [méidʒər]	동 전공하다 (in) ☞ specialize in 전문으로 하다, 전공하다
1202 □ **economics** [ì:kənámiks]	명 경제학
1023 □ **successful** [səksésfəl]	형 성공한, 잘된

1204 □ **career** [kəríər]	명 경력, 생애, (전문적인) 직업
	☞ '직업' 의 유사어
	  occupation : 직업을 가리키는 가장 일반적인 말
	  profession : 의사·교사·변호사 등의 지적인 전문직
	  job / work : 일을 나타내는 일상적인 말
	  vocation : 사명감을 갖고 하는 직업, 천직

1205 □ **banker** [bæŋkər]	명 은행가, 은행업자, 은행원 ☞ 은행의 평사원은 bank clerk이라고도 한다.

267

A handy extinguisher is becoming a standard fixture in most households in anticipation of a big quake.

대지진을 예상해서 대부분의 가정에서는 간이소화기가 기준 비품이 되고 있다.

1206 □ **handy**
    extinguisher

간이소화기
* handy   형 (다루기) 쉬운, 편리한, 바로 곁에 있는
* extinguisher   명 소화기
* extinguish   동 끄다

1207 □ **fixture**
  [fíkstʃər]

명 비품, 비치된 설비
* fix   동 단단히 고정하다, 준비하다, 수리하다

1208 □ **household**
  [háushòuld]

명 가정, 가족
형 가족의, 일가의

1209 □ **anticipation**
  [æntìsəpéiʃən]

명 예상, 예기
« in **anticipation** of   ~을 예상하고
* anticipate   동 예상하다

1210 □ **quake**
  [kweik]

명 지진, 진동
동 떨리다, 흔들리다

268

Sympathy is a deeper faculty than curiosity.

동정은 호기심보다 더 심오한 능력이다.

1211 ☐ **sympathy**
[símpəθi]

㈎ 동정, 공감
* sympathize ㈌ 동정하다, 동감하다
« **sympathize** with ~에 동정하다
* sympathetic ㈑ 동정적인

1212 ☐ **faculty**
[fǽkəlti]

㈎ 능력, 재능

1213 ☐ **curiosity**
[kjùəriásəti]

㈎ 호기심, 진기한 것
* curious ㈑ 호기심이 강한,
호기심을 불러 일으키는

269

The landlord imposed tough conditions on his tenants.

그 집주인은 세입자에게 엄격한 조건을 달았다.

1214 ☐ **landlord**
[lǽndlɔ̀ːrd]

㈎ 집주인, 지주, 주인
☞ landlady ㈎ 안주인, 여자 집주인

1215 ☐ **impose A on B**

A(의무, 일, 세금 등)를 B에게 부과하다,
A를 B에게 강요하다

1216 ☐ **tough**
[tʌf]

㈑ 엄격한, 단단한

1217 ☐ **condition**
[kəndíʃən]

㈎ 조건, 상태
« on **condition** (that)~ ~라는 조건으로

1218 ☐ **tenant**
[ténənt]

㈎ 차용자, 소작인, 차가인(借家人)

270

Mary wears lavish clothes and stirs up envy among her less fortunate friends.

메리는 사치스러운 옷을 입고는 그녀만큼 혜택받지 못한 친구들의 선망을 부추긴다.

| 1219 ☐ **lavish** [lǽviʃ] | 형 사치스러운, 후한 |
| | 동 아낌없이 주다, 낭비하다 |

1220 ☐ **clothes** [klouz]	명 [복수 취급] 의복
	* clothe 동 옷을 입히다, 옷을 주다
	* cloth 명 천, 옷감

| 1221 ☐ **stir** [stə:r] | 동 휘젓다, 움직이다 |
| | 흥분시키다, 자극(선동)하다 (up) |

1222 ☐ **envy** [énvi]	명 선망, 질투, 시기
	동 부러워하다, 질투하다
	* envious 형 부러워하는, 질투하는

| 1223 ☐ **fortunate** [fɔ́:rtʃənət] | 형 운이 좋은, 행운의 |

271

Hostility is a reaction I frequently encounter when I inquire of people about their sex life.

사람들에게 그들의 성생활에 관해 질문을 하면 내가 종종 부딪치는 반응은 반감이다.

| 1224 ☐ **hostility** [hɑstíləti] | 명 반감, 적대 |
| | * hostile 형 적의 있는 |

| 1225 ☐ **reaction** [ri:ǽkʃən] | 명 반응, 반발 |
| | * react 동 반응하다, 반발하다 |

1226 □ **frequently** [frí:kwəntli]	🔵 종종, 자주 * frequent ⬜ 자주 일어나는, 빈번한
1227 □ **encounter** [inkáuntər]	🟢 (위험, 곤란 등에) 부닥치다, 우연히 만나다 🟠 우연한 만남, 조우
1228 □ **inquire** [inkwáiər]	🟢 질문하다, 묻다 « **inquire** (of A) about (A에게) ~에 관해 묻다 « **inquire** after 안부를 묻다 « **inquire** into 조사하다 * inquiry ⬜ 문의, 조사

272

Everything the economists predicted [forecast]
about the cost of living has come true.

경제학자들이 생활비에 대해 예상한 모든 것이 사실이 되었다.

1229 □ **economist** [ikánəmist]	🟠 경제학자 * economics ⬜ 경제학 * economy ⬜ 경제, 절약
1230 □ **predict** [pridíkt]	🟢 예상하다, 예측하다 * prediction ⬜ 예언, 예측 * predictable ⬜ 예언할 수 있는, 예측되는
1231 □ **forecast** [fɔ́:rkæ̀st]	🟢 예언하다, 예측하다 🟠 예보, 예측 « the weather **forecast** 일기예보
1232 □ **come true**	그대로 되다, 실현되다

273

The popular playwright lives in a splendid house
enclosed [surrounded] by tidy hedges.

그 인기 있는 극작가는 손질이 잘된 울타리로 둘러싸인 호화로운 저택에 살
고 있다.

1233 □ **popular**
[pápjulər]
- 형 인기 있는, 평판이 좋은
- « be **popular** with ~에게 인기 있는
- * popularity 명 인기

1234 □ **playwright**
[pléiràit]
- 명 극작가, 각본 작가

1235 □ **splendid**
[spléndid]
- 형 호화로운, 훌륭한, 멋진
- * splendor 명 호화로움, 장려

1236 □ **enclose**
[inklóuz]
- 동 둘러싸다, 동봉하다
- * enclosure 명 둘러쌈, 동봉(물)

1237 □ **surround**
[səráund]
- 동 둘러싸다, 에워싸다
- * surrounding 명 [~s] 환경, 주변(의 상황)
  - 형 주위의, 둘러싸는

1238 □ **tidy**
[táidi]
- 형 잘 정돈된, 단정한

1239 □ **hedge**
[hèdʒ]
- 명 생울타리, 울타리

274

To be sure, concentration is to some extent due to inheritance.

확실히 집중력은 어느 정도 유전적 성질에 기인한다.

1240 □ **concentration** 　명 집중력, 전념
[kɑ̀nsəntréiʃən] 　＊ concentrate 　동 집중하다, 전념하다

1241 □ **inheritance** 　명 유전적 성질, 상속 (재산)
[inhérətəns] 　＊ inherit 　동 상속하다, (성질·재능 등을) 물려받다
　＊ inherent 　형 본래 갖추고 있는, 타고난

275

He makes his living as an agent for a good many actors.

그는 수많은 배우들의 중개인으로 생계를 유지하고 있다.

1242 □ **agent** 　명 중개인, 대리인
[éidʒənt] 　＊ agency 　명 대리점, 특약점, 대행

1243 □ **a good many** 　꽤 많은, 상당한 수의

276

You gave me a fright by tapping me on the shoulder all of a sudden.

네가 갑자기 어깨를 쳐서 깜짝 놀랐잖아.

1244 □ **fright** 　명 놀람, 공포
[fráit] 　＊ frighten 　동 흠칫 놀라게 하다

1245 □ **tap** 　동 가볍게 치다
[tǽp] 　명 가볍게 두드림, 탭 댄스 (tap dance)
　《 **tap** A on the shoulder
　　A(사람)의 어깨를 두드리다

277

You'll end up doing yourself an injury by consuming too much animal fat.

동물성 지방을 너무 많이 먹으면 결국 몸에 해로울 거야.

1246 ☐ **injury**
[índʒəri]
- 명 상해, 부상, 해
- ∗ injure 동 상처를 입히다, 해를 끼치다

1247 ☐ **consume**
[kənsúːm]
- 동 먹다, 소비하다
- ∗ consumption 명 소비 (⇔production 생산)
- ∗ consumer 명 소비자 (⇔producer 생산자)

1248 ☐ **fat**
[fæt]
- 명 지방
- ≪ grow fat 지방이 붙다, 살이 찌다
- 형 살찐, 뚱뚱한

278

In this immense universe, man is nothing but a tiny creature.

이 광대한 우주에 있어서 인간이란 정말 보잘 것 없는 생물에 지나지 않는다.

1249 ☐ **immense**
[iméns]
- 형 광대한, 거대한

1250 ☐ **universe**
[júːnəvə̀ːrs]
- 명 우주
- ∗ universal 형 전세계의, 보편적인, 우주의

1251 ☐ **tiny**
[táini]
- 형 매우 작은, 매우 약소한

1252 ☐ **creature**
[kríːtʃər]
- 명 생물, 창조물
- ∗ create 동 창조하다
- ∗ creative 형 창조적인
- ∗ creation 명 창조, 창조물

279

He was furious at the bitter insult and vowed a prompt revenge.

그는 그 심한 모욕에 격노하여 즉시 복수할 것을 마음 속으로 다짐했다.

1253 ☐ **furious**
[fjúəriəs]
- 형 격노한, 화내어 날뛰는 (⇔calm 온화한)
- ✳ fury 명 격노, 분노

1254 ☐ **bitter**
[bítər]
- 형 가혹한, 신랄한, 쓰라린

1255 ☐ **insult**
[ínsʌlt]
- 명 모욕
- 동 [insʌ́lt] 모욕하다
- ✳ insulting 형 모욕적인, 무례한

1256 ☐ **vow**
[váu]
- 동 맹세하다
- 명 맹세

1257 ☐ **prompt**
[prámpt]
- 형 신속한, 즉시 …하는
- 동 자극하다, 재촉하다

1258 ☐ **revenge**
[rivéndʒ]
- 명 복수, 보복
- 동 복수하다, 앙갚음을 하다
- « take **revenge** on ~에게 복수하다

280

> The ancient Greek concepts of heaven and hell
> and those of Christian doctrine are similar.
>
> 고대 그리스의 천국과 지옥의 개념과 기독교 교리의 개념은 비슷하다.

1259 ☐ **ancient** [éinʃənt]	형 고대의, 먼 옛날의 ☞ medieval 중세의, modern 현대의
1260 ☐ **Greek** [grí:k]	형 그리스의 명 그리스인, 그리스어 * Greece 명 그리스
1261 ☐ **concept** [kánsept]	명 개념, 관념 * conceive 동 생각하다 * conception 명 개념, 사고
1262 ☐ **heaven** [hévən]	명 천국 (⇔hell 지옥), 행복한 상태, 낙원 * heavenly 형 하늘의, 천국의
1263 ☐ **hell** [hel]	명 지옥
1264 ☐ **those (of)**	(~의) 그것(들) ☞ 앞에 나온 명사의 반복을 피하기 위해 「the + 명사(복수형)」 대신에 쓰인다. 예문의 those = the concepts
1265 ☐ **doctrine** [dáktrin]	명 교리, 교의, 주의
1266 ☐ **similar** [símələr]	형 비슷한, 동류의 * similarity 명 유사(점)

281

> The thief wore a clever disguise so as to evade
> detection.
>
> 그 도둑은 들키지 않도록 교묘하게 변장했다.

1267 ☐ **thief** [θi:f]	명 도둑, 좀도둑 * theft 명 도둑질, 절도

1268 ☐ **clever**
[klévər]
영 교묘한, 영리한

1269 ☐ **disguise**
[disɡáiz]
명 변장, 위장
동 변장하다
≪ in **disguise** 변장해서, 변장한

1270 ☐ **evade**
[ivéid]
동 (교묘하게) 벗어나다, 회피하다
* evasive 형 회피하는, 책임 회피의
* evasion 명 회피

1271 ☐ **detection**
[ditékʃən]
명 발각, 간파
* detect 동 발견하다, 간파하다
* detective 명 탐정, 형사

282

> On most occasions we need not be especially
> conscious of social status.
>
> 대부분의 경우 사회적 지위를 특별히 의식할 필요는 없다.

1272 ☐ **occasion**
명 때, 경우
≪ on **occasion** 때때로, 수시로
≪ on most **occasions** 대부분의 경우
* occasional 형 가끔의, 때때로의

1273 ☐ **especially**
[ispéʃəli]
부 특히, 주로

1274 ☐ **conscious**
[kánʃəs]
형 의식(자각)하고 있는
≪ be **conscious** of ~을 의식하다, ~을 알다

1275 ☐ **status**
[stéitəs]
명 지위, 신분, 현상
≪ the **status** quo 현상(유지)

283

People who suppress their feelings should get angry once in a while.

감정을 억제하는 사람은 때로는 화도 낼 줄 알아야 한다.

1276 ☐ **suppress** [səprés]	동	억제하다, 진압하다
	*	suppression 명 억제, 진압
1277 ☐ **feeling** [fíːliŋ]	명	[~s] 감정, 기분
1278 ☐ **angry** [ǽŋgri]	형	화난, 성난
	«	get **angry** 화나다, 화를 내다
	«	be [get] **angry** with A
		A(사람)에게 화나 있다[화내다]

284

Considerable effort was expended in modifying the unhealthy environment in the workshop.

작업실의 비위생적인 환경을 바꾸는 데 상당한 노력이 들었다.

1279 ☐ **considerable** [kənsídərəbl]	형	상당한, 꽤 많은
	☞	considerate 형 배려심이 있는
1280 ☐ **expend** [ikspénd]	동	(시간·노력 등을) 들이다, 소비하다
	*	expenditure 명 지출, 비용
	*	expense 명 비용, (소요) 경비
1281 ☐ **modify** [mádəfài]	동	바꾸다, 수정하다
	*	modification 명 변경, 수정
1282 ☐ **unhealthy** [ʌnhélθi]	형	비위생적인, 건강에 좋지 않은
1283 ☐ **environment** [inváiərənmənt]	명	환경
	*	environmental 형 환경의
1284 ☐ **workshop** [wə́ːrkʃàp]	명	작업실, 사업장

285

The new expressway permits swift access to the airport.

새로 난 고속도로로 공항까지 빨리 갈 수 있다.

1285 □ **expressway**
[ikswéi] 🔹 명 **고속도로**
☞ highway는 간선도로라는 뜻으로, 고속도로의 의미는 갖고 있지 않다.

1286 □ **permit**
[pərmít] 🔹 동 **허용하다, 가능하게 하다**
* permission 명 허가

1287 □ **swift**
[swíft] 🔹 형 **신속한, 재빠른**

1288 □ **access**
[ǽkses] 🔹 명 **접근, 도달하는 방법, 이용할 권리**
동 **접근하다, 이용하다**
* accessible 형 갈 수 있는, 접근하기 쉬운

286

She indicated in no uncertain terms what she intended to do.

그녀는 자신이 무엇을 하려 하는지 단호하게 밝혔다.

1289 □ **indicate**
[índikèit] 🔹 동 **나타내다, 지시하다**
☞ 예문에 나오는 indicate의 목적어는 what ~ to do
* indication 명 지시, 징후

1290 □ **uncertain**
[ʌnsə́ːrtn] 🔹 형 **불확실한, 확실하지 않은**
☞ no uncertain = very certain [이중부정 = 긍정]

1291 □ **term**
[tə́ːrm] 🔹 명 **용어, 기간, [~s] 말투, 표현, 조건**
« in no uncertain **terms** 단호하게, 분명하게
« be on … **terms** with ~와 …한 사이이다
« in **terms** of ~의 점에서, ~의 말로

1292 □ **intend**
[inténd] 🔹 동 **의도하다**
* intention 명 의도
* intentional 형 의도적인

287

She comforted [consoled] the grieving child with a tight embrace.

그녀는 슬퍼하고 있는 아이를 꼭 안아주며 위로했다.

1293 ☐ **comfort** [kʌ́mfərt]	동 위로하다, 격려하다
	명 위로
	✱ comfortable 형 기분이 좋은, 쾌적한 (⇔ uncomfortable)

| 1294 ☐ **console** [kənsóul] | 동 위로하다, 위문하다 |
| | ✱ consolation 명 위로, 위안 |

1295 ☐ **grieve** [gríːv]	동 몹시 슬퍼하다, 슬프게 하다
	✱ grief 명 깊은 슬픔, 비탄
	✱ grievous 형 슬퍼해야 할, 한탄스러운

1296 ☐ **tight** [táit]	형 꽉 조이는, 단단한
	부 단단히
	✱ tighten 동 꽉 조이다

1297 ☐ **embrace** [imbréis]	명 포옹, 용인
	동 포옹하다, 포함하다
	[em (= in) + brace (팔) : 팔 안에 껴안다]

288

The news that our victory is just around the corner has heightened our morale.

우리의 승리가 바로 눈 앞에 있다는 소식은 우리의 사기를 높여 주었다.

1298 □ **victory** [víktəri]	명 승리 (⇔defeat 패배) ✽ victorious 형 승리를 얻은
1299 □ **just around the corner**	바로 근처에, 모퉁이를 돌아선 곳에
1300 □ **heighten** [háitn]	동 높게 하다, 높이다 ✽ height 명 높이, 신장
1301 □ **morale** [mərǽl]	명 사기 ☞ moral 명 교훈

289

No one dared guess what the probable outcome would be.

결과가 어떻게 될 것인지 아무도 감히 알아맞힐 수 없었다.

1302 □ **dare** [dɛ́ər]	동 감히 ~하다 ≪ I **dare** say 아마, 추측컨대
1303 □ **guess** [gés]	동 알아맞히다, 추측하다 명 추측, 짐작
1304 □ **probable** [prábəbl]	형 있을 법한, 거의 확실한 ✽ probably 부 아마, 십중팔구 ✽ probability 명 가망
1305 □ **outcome** [áutkʌ̀m]	명 결과, 성과

290

On this meager salary we can't even buy the common necessities of life.

이런 빈약한 봉급으로는 평범한 생활 필수품조차도 살 수 없다.

1306 ☐ **meager**
[míːgər]

형 빈약한, 불충분한

1307 ☐ **salary**
[sǽləri]

명 급여, 봉급
동 급여를 주다
☞ salary, income (수입)의 많고 적음은 high [large], low [small] 로 나타낸다.
Her salary is high[low].
그녀는 많은[적은] 봉급을 받는다.

1308 ☐ **common**
[kámən]

형 보통의, 공통의, 평범한
《 have A in **common** (with B)
A를 (B와) 함께 가지다
* commonplace 형 흔한, 평범한

1309 ☐ **necessity**
[nəsésəti]

명 필요, [~s] 필수품

291

The brilliant strategy forced the formidable foe to withdraw.

그 훌륭한 작전으로 강적은 퇴각하지 않을 수 없었다.

1310 ☐ **brilliant**
[bríljənt]

형 훌륭한, 멋진, 빛나는
* brilliance 명 광채, 훌륭함

1311 ☐ **strategy**
[strǽtədʒi]

명 작전계획, 전략
☞ tactics 전술, 전법

264~292

1312 □ **force**
[fɔːrs]
- 동 ~에게 강제하다, 강요하다
- 명 힘, 폭력
- « **force** A to do   A(사람)에게 무리하게 ~시키다
- « be **forced** to do   ~하지 않을 수 없다

1313 □ **formidable**
[fɔ́ːrmidəbl]
- 형 강력한, 무서운

1314 □ **foe**
[fou]
- 명 적(enemy), 반대자

1315 □ **withdraw**
[wiðdrɔ́ː]
- 동 철수하다, 철회하다
- * withdrawal 명 철수, 물러남

292

Dick retired from active service last year and
now lives on a pension.

딕은 작년에 현역에서 물러나 지금은 연금으로 생활하고 있다.

1316 □ **retire**
[ritáiər]
- 동 퇴직하다, 은퇴하다
- * retired   형 퇴직한, 퇴역한
- * retirement 명 퇴직, 은퇴

1317 □ **active**
[ǽktiv]
- 형 활동적인, 적극적인

1318 □ **service**
[sə́ːrvis]
- 명 군무, 병역
- « active **service**   현역

1319 □ **live on**
~을 의지해서 살다, ~을 주식으로 하다

1320 □ **pension**
[pénʃən]
- 명 연금
- « an old-age **pension**   노령 연금

213 ●

294 □ rule the empire — 제국을 지배하다
□ assassinate the dictator — 독재자를 암살하다

295 □ masterpieces of writing — 걸작, 명저

296 □ turn in the assignment — 숙제를 제출하다
□ by the appointed day — 정해진 날까지

299 □ in case of emergency — 비상시에는
□ temporary shelters — 일시적인 피난처

300 □ juvenile delinquency — 청소년 비행
□ increase year by year — 해마다 증가하다

301 □ award prizes — 상을 주다
□ outstanding craftsmen — 뛰어난 공예가들

302 □ fine specimen — 우수한 표본

303 □ sensation of pain — 통각

304 □ cherish no resentment — 앙심을 품지 않다
□ former opponent — 이전의 경쟁상대

306 □ flaming controversy — 격렬한 논쟁
□ organ transplant — 장기 이식

307 □ search party — 수색대
□ thick fog — 짙은 안개

308 □ dangers lurking ahead of you — 네 앞에 기다리고 있는 위험

311	☐ **extreme change of temperature**	극심한 기온 변화
	☐ **barren desert**	불모의 사막
312	☐ **praise one to *one's* face**	면전에서 칭찬하다
	☐ **criticize one behind *one's* back**	뒤에서 비난하다
313	☐ **run a risk**	위험을 감수하다
	☐ **succeed in an undertaking**	사업에 성공하다
314	☐ **landscape painter**	풍경화가
	☐ **isolated island**	외딴 섬
315	☐ **abstracts of the papers**	논문의 적요
316	☐ **leave minor details aside**	세부사항을 고려하지 않다
317	☐ **30 degrees Celsius**	섭씨 30도
318	☐ **utilize the device**	그 장치를 이용하다
	☐ **set off an alarm**	경보를 작동시키다
	☐ **gas leak**	가스 누출
319	☐ **undesirable characters**	탐탁지 않은 사람
320	☐ **cherry blossom**	벚꽃
	☐ **in full bloom**	만개하여
321	☐ **consist of hydrogen and oxygen**	수소와 산소로 이루어지다
322	☐ **conserve our forests**	삼림을 보호하다

293

> Nobody is so disgusting as those who mask their insolence behind politeness.
>
> 정중함 뒤에 무례함을 숨기고 있는 사람만큼 혐오감을 주는 사람도 없다.

1321 □ **disgusting**
[disgʌ́stiŋ]
- 혐 혐오감을 주는, 정말 싫은
- * disgust   동 질리게 하다   명 혐오(감)
- « be **disgusted** with   ~에 넌더리 나다

1322 □ **mask**
[mæsk]
- 동 (감정 등을) 감추다, 가장하다
- 명 가면, 위장

1323 □ **insolence**
[ínsələns]
- 명 무례함, 오만
- * insolent   형 건방진, 오만한

1324 □ **politeness**
[pəláitnis]
- 명 정중함, 예의바름
- * polite   형 예의바른, 공손한

294

> The dictator, who had ruled the empire, was assassinated.
>
> 그 제국을 지배하던 독재자는 암살되었다.

1325 □ **dictator**
[díkteitər]
- 명 독재자, 구술인
- * dictate   동 명령하다, 받아쓰게 하다
- * dictation   명 명령, 받아쓰기, 구술

1326 □ **rule**
[ruːl]
- 동 지배하다, 재정하다
- 명 지배, 규칙

1327 □ **empire**
[émpaiər]
- 명 제국
- * imperial   형 제국의, 황제의
- * emperor   명 황제

1328 □ **assassinate**
[əsǽsənèit]
- 동 암살하다
- * assassin   명 암살자

295

Masterpieces of writing not only entertain people but also enlighten them.

걸작은 사람들을 즐겁게 해줄 뿐만 아니라 계몽시키기도 한다.

1329 ☐ **masterpiece** [mǽtərpìːs]	명 걸작, 대표작 《 **masterpieces** of writing 명저
1330 ☐ **entertain** [èntərtéin]	동 즐겁게 하다, 대접하다 * entertainment 명 오락, 접대
1331 ☐ **enlighten** [inláitn]	동 계몽하다, 가르쳐서 잘 알게 하다 * enlightenment 명 계몽, 교화

296

The professor told his students to turn in the assignment by the appointed day.

그 교수는 학생들에게 정해진 날까지 숙제를 제출하라고 했다.

1332 ☐ **turn in**	~을 제출하다
1333 ☐ **assignment** [əsáinmənt]	명 숙제, 과제, 할당
1334 ☐ **appointed** [əpɔ́intid]	형 정해진, 지정의 * appoint 동 임명하다, 지정하다 * appointment 명 임명, 약속

297

Enthusiastic youngsters do their best[utmost] to
supplement their inadequate school instruction.

열심인 젊은이들은 그들의 불충분한 학교 교육을 보충하기 위해 최선을 다한다.

1335 □ **enthusiastic**
[inθù:ziǽstik]

- 형 열광적인, 열심인
- ✱ enthusiasm   명 열광, 열중

1336 □ **youngster**
[jʌ́ŋstər]

- 명 젊은이, 어린이

1337 □ **utmost**
[ʌ́tmòust]

- 명 최대한, 극한
- 형 최대한의
- « do one's **utmost**[best]   최선을 다하다

1338 □ **supplement**
[sʌ́pləmənt]

- 동 보충하다, 추가하다
- 명 추가, 보충
- ✱ supplementary   형 추가의, 보충의

1339 □ **inadequate**
[inǽdikwət]

- 형 불충분한, 부적당한

1340 □ **instruction**
[instrʌ́kʃən]

- 명 교육, 가르침, 지시
- ✱ instruct   동 가르치다, 지시하다
- ✱ instructive   형 교육적인

298

It would be a very bold man who would venture
to foretell the future of this enterprise.

이 기업의 장래를 감히 예언하려 하는 사람은 매우 대담한 사람일 거야.

1341 □ **bold**
[bóuld]

- 형 대담한, 뻔뻔스러운
- ☞ bald   형 벗어진, 대머리의

1342 □ **venture**
[véntʃər]

- 동 과감히 ~하다, 위험을 무릅쓰고 ~하다
- 명 모험, 모험적인 사업, 투기

1343 □ **foretell** [fɔ:rtél]	동 예언하다
1344 □ **future** [fjú:tʃər]	명 장래, 장래성 « in **future**　　앞으로는, 장래에 « in the **future**　앞으로, 장차
1345 □ **enterprise** [éntərpràiz]	명 기업, 기획, 사업 ☞ 개인적인 사업은 undertaking

299

In case of emergency, caves are often used for
temporary shelters.

비상시에는 동굴이 임시 피난처로 흔히 이용된다.

1346 □ **in case**	~의 경우에는, ~에 대비해서 « Don't forget to bring your umbrella **in case** it rains. 비가 올 경우를 대비해서 우산을 가져오는 거 잊지마.
1347 □ **emergency** [imə́:rdʒənsi]	명 위급, 비상 사태 « in case of **emergency**　위급시에, 비상시에 ＊ emerge　　동 나타나다 ＊ emergence　명 출현
1348 □ **cave** [kéiv]	명 동굴 ☞ hollow (구덩이, 구멍)보다 크고 cavern (대동굴)보다 작다.
1349 □ **temporary** [témpərèri]	형 일시적인, 임시의
1350 □ **shelter** [ʃéltər]	명 피난처, 보호 동 보호하다, 감싸다

300

It is much to be regretted that juvenile delin-quency is increasing year by year.

청소년 비행이 해마다 증가하고 있는 것은 대단히 유감스러운 일이다.

1351 □ **regret**
[rigrét]

- 동 후회하다, 유감스럽게 생각하다
- 명 후회, 유감
- « It is to be **regretted** that
  ~하다니 유감스러운 일이다.
- « **regret** doing   ~을 유감스럽게 생각하다
- « **regret** to do   유감이지만 ~하다
- ☞ doing 은 과거의 일, to do 는 앞으로의 일을 가리킨다.

1352 □ **juvenile**
[dʒúːvənàil]

- 형 소년·소녀의, 청소년의

1353 □ **delinquency**
[dilíŋkwənsi]

- 명 비행, 범죄
- * delinquent   형 직무 태만의, 비행을 저지른
                  명 범죄자, (직무) 태만자

1354 □ **increase**
[inkríːs]

- 동 늘다, 증가하다 (⇔decrease 줄이다)
- 명 증가, 증대
- « be on the **increase**   증가하고 있다

1355 □ **year by year**   해마다, 매년

301

We award prizes to outstanding craftsmen every year.

우리는 매년 뛰어난 공예가들에게 상을 준다.

1356 □ **award**
[əwɔ́ːrd]

- 동 수여하다, 주다
- 명 상, 상품

1357 □ **prize**
[praiz]

- 명 상, 포상

1358 ☐ **outstanding**
[àutstǽndiŋ]
- 형 뛰어난, 눈에 띄는

1359 ☐ **craftsman**
[krǽftsmən]
- 명 공예가, 장인
- * craft 명 기능, (특수한) 기술

302

> The statue is indeed the finest specimen of Roman sculpture.
>
> 그 조상은 정말로 로마의 조각 중에서 가장 우수한 표본이다.

1360 ☐ **statue**
[stǽtʃuː]
- 명 조상(彫像), 상
- « the **Statue** of Liberty   자유의 여신상

1361 ☐ **indeed**
[indíːd]
- 부 정말로, 참으로, 대단히

1362 ☐ **fine**
[fain]
- 형 훌륭한, 멋진, (사람·작품이) 우수한, 뛰어난
- 명 벌금
- 동 ~에게 벌금을 과하다

1363 ☐ **specimen**
[spésəmən]
- 명 견본, 실례, 표본

1364 ☐ **Roman**
[róumən]
- 형 고대 로마(인)의
- 명 로마인
- * Rome 명 로마

1365 ☐ **sculpture**
[skʌ́lptʃər]
- 명 조각, 조각작품
- 동 조각하다
- * sculptor 명 조각가

Section 11

303

The sensation of pain can vary from a mild ache to torment.

통각은 가벼운 통증에서부터 격심한 통증까지 다양하다.

1366 □ **sensation**
[senséiʃən]

- 명 감각, 느낌, 대사건
- ＊ sensational 형 선풍적 인기의

1367 □ **pain**
[pein]

- 명 아픔, 고통, 고생
- ≪ take **pains** 수고하다, 고생하다
- ＊ painful 형 아픈, 괴로운

1368 □ **vary**
[véəri]

- 동 여러가지이다, 다르다
- ≪ **vary** from A to B A부터 B까지 다양하다
- ＊ variation 명 변화, 변동
- ＊ varied 형 여러가지의, 변화 있는

1369 □ **mild**
[máild]

- 형 (정도가) 가벼운, 온화한

1370 □ **ache**
[eik]

- 명 아픔
- 동 아프다, 쑤시다

1371 □ **torment**
[tɔ́ːrment]

- 명 통증, 고통
- 동 심하게 괴롭히다, 고문하다

304

> I cherish no resentment against my former
> opponent.
>
> 나는 이전의 경쟁상대에 대해서 앙심을 품지는 않는다.

1372 □ **cherish** [tʃériʃ]	동 (소망·신앙·원한 등을) 마음에 품다, ~을 소중히 하다
1373 □ **resentment** [rizéntmənt]	명 앙심, 분개, 적의 * resent 동 분개하다, 원망하다 * resentful 형 분개한
1374 □ **former** [fɔ́:rmər]	형 이전의, [the~] 전자의 (⇔the latter 후자의) * formerly 부 이전에는, 예전에
1375 □ **opponent** [əpóunənt]	명 상대, 반대자

305

> She only dimly comprehended how bewildered
> the rumor made him.
>
> 그 소문에 그가 얼마나 당황했는지 그녀는 막연할 정도로밖에 알지 못했다.

1376 □ **dimly** [dímli]	부 막연하게, 어렴풋이 * dim 형 어렴풋한, 희미한
1377 □ **comprehend** [kàmprihénd]	동 이해하다, 포함하다 * comprehension 명 이해(력) * comprehensive 형 포괄적인, 이해력이 있는 * comprehensible 형 이해할 수 있는
1378 □ **bewildered** [biwíldərd]	형 당황한, 당혹스런 * bewilder 동 당혹케하다, 당황시키다
1379 □ **rumor** [rú:mər]	명 소문 동 (보통 수동형) 소문내다

306

> It gave rise to the flaming controversy over an organ transplant.
>
> 그것은 장기 이식을 둘러싼 격렬한 논쟁을 불러 일으켰다.

1380 □ **give rise to** 일으키다, 초래하다
☞ give birth to ～을 낳다, ～의 원인이 되다

1381 □ **flaming**
[fléimiŋ]
형 격렬한, 격한, 불타는
* flame 명 불꽃 동 타오르다

1382 □ **controversy**
[kántrəvə̀:rsi]
명 논쟁, 논의
* controversial 형 논의의 여지가 있는

1383 □ **organ**
[ɔ́:rgən]
명 장기, 기관, 오르간
« an **organ** transplant 장기 이식
* organic 형 기관의, 장기의
* organism 명 유기체, (미)생물

1384 □ **transplant**
[trænsplǽnt]
명 이식(수술)
동 이식하다

307

> The search party found their way through a thick fog.
>
> 수색대는 짙은 안개 속을 애써서 나아갔다.

1385 □ **search**
[sə:rtʃ]
명 수색, 조사
동 찾다, 조사하다
« **search** party 수색대

1386 □ **find one's way** 길을 찾아가다, 애써 나아가다

1387 □ **thick** [θik]	형 (안개·연기 등이) 짙은, 두꺼운, 굵은
1388 □ **fog** [fɔːg]	명 안개 ☞ 농도의 순서는 fog > mist > haze

308

> You are not sufficiently aware of the dangers lurking ahead of you.
>
> 너는 네 앞에 잠재해 있는 위험을 충분히 의식하지 못하고 있다.

1389 □ **sufficiently** [səfíʃəntli]	부 충분히, 듬뿍 * sufficient 형 충분한 * suffice 동 충분하다, (필요 등에) 족하다
1390 □ **be aware of**	~을 알아채다, 알다 * awareness 명 자각, 인식
1391 □ **danger** [déindʒər]	명 위험 (⇔safety 안전) * dangerous 형 위험한
1392 □ **lurk** [ləːrk]	동 잠재해 있다, 잠복하다
1393 □ **ahead of**	~앞에, ~보다 앞서 « They are **ahead of** us in English. 그들은 우리보다 영어가 앞서 있다.

309

Her charm was made up partly of shyness, but largely of unyielding perseverance.

그녀의 매력은 어느 정도는 수줍어하는 모습에도 있었지만, 주로 굽히려 들지 않는 끈기에 있었다.

1394 ☐ **charm** [tʃɑːrm]	몡 매력, 주술, 부적 동 매혹하다 (fascinate) ＊ charming 혱 매력적인, 멋진

1395 ☐ **partly** [páːrtli]	뷔 일부분은, 어느 정도는

1396 ☐ **shyness** [ʃáinis]	몡 수줍음, 숫기 없음 ＊ shy 혱 수줍은, 부끄럼 타는

1397 ☐ **largely** [láːrdʒli]	뷔 주로, 대체로

1398 ☐ **unyielding** [ʌnjíːldiŋ]	혱 굽히려 들지 않는, 굳은 ＊ yield 동 굴복하다, 산출하다

1399 ☐ **perseverance** [pə̀ːrsəvíərəns]	몡 끈기, 인내 ＊ persevere 동 끈기있게 끝까지 해내다

310

In general, I prefer a comedy to a tragedy.

대체로 나는 비극보다 희극을 더 좋아한다.

1400 ☐ **in general**	대체로, 일반적으로

1401 ☐ **prefer** [prifə́ːr]	동 더 좋아하다, 오히려 ～을 좋아하다 « **prefer** A to B B보다 A를 좋아하다 « be **preferable** to ～보다 마음에 들다 ＊ preference 몡 더 좋아하는 물건, 선호 ＊ preferable 혱 보다 바람직한, 보다 나은

1402 ☐ **comedy** [kámədi]	명 희극 (⇔tragedy 비극)
	* comic 형 희극의 (⇔ tragic 비극의)
	명 만화책

| 1403 ☐ **tragedy** [trǽdʒədi] | 명 비극, 비극적인 사건 |
| | * tragic 형 비극의, 비극적인 |

311

The extreme change of the temperature is peculiar to the barren desert.

극심한 기온 변화는 불모의 사막에 특유하다.

1404 ☐ **extreme** [ikstríːm]	형 극심한, 극단적인
	명 극단, 극도
	« go to **extremes** 극단으로 치닫다

1405 ☐ **temperature** [témpərətʃər]	명 기온, 체온, [a ~] 열
	« take one's **temperature** 체온을 재다
	« have a **temperature** 열이 있다

| 1406 ☐ **peculiar** [pikjúːljər] | 형 (사람·지역 등에) 특유한, 고유의, 색다른 |
| | * peculiarity 명 특유, 특성 |

| 1407 ☐ **barren** [bǽrən] | 형 불모의 (⇔fertile 비옥한), 열매를 맺지 않는 |

1408 ☐ **desert** [dézərt]	명 사막, 황야
	☞ 아래 두 단어와 발음·악센트·철자가 다름에 주의
	* desert [dizə́ːrt] 동 버리다, 돌보지 않다
	* dessert [dizə́ːrt] 명 디저트

312

> She praises him to his face but criticizes him behind his back.
>
> 그녀는 면전에서는 그를 칭찬하지만 뒤에서는 그를 비난한다.

1409 □ **praise**
[preiz]

- 통 칭찬하다, 찬양하다
- 명 칭찬
- * praiseworthy   형 칭찬할 만한

1410 □ **criticize**
[krí:təsàiz]

- 통 비난하다, 비평하다
- « **criticize** A for B   B의 일로 A(사람)를 비난하다
- * criticism   명 비평, 평론
- * critical   형 비판적인, 위태로운

313

> You sometimes have to run a risk to succeed in an undertaking.
>
> 사업에 성공하기 위해 때로는 위험도 감수해야 한다.

1411 □ **risk**
[risk]

- 명 위험
- 통 모험하다, (위험 등을) 각오하고 하다
- « run a **risk**   위험을 무릅쓰다
- « at the **risk** of
     ~의 위험을 무릅쓰고, ~을 희생하고
- * risky   형 위험한

1412 □ **succeed**
[səksí:d]

- 통 성공하다, 출세하다 (in)
- ☞ succeed to   계승하다, 뒤를 잇다

1413 □ **undertaking**
[ʌ̀ndərtéikiŋ]

- 명 사업, 기획
- ☞ enterprise   명 (모험적인) 사업, 기획

314

> The landscape painter made a trip to an isolated[a solitary] island in the distant ocean.
>
> 그 풍경화가는 먼 바다 외딴 섬으로 여행을 떠났다.

1414 □ landscape
[lǽndskèip]
명 풍경, 경치
« a **landscape** painter 풍경화가

1415 □ make a trip
여행하다

1416 □ isolated
[áisəlèitid]
형 고립된, 멀리 떨어진
« an **isolated** island 외딴 섬
* isolate 동 독립시키다, 분리하다
* isolation 명 독립, 고독

1417 □ solitary
[sálətèri]
형 인적이 없는, 외딴, 외로운, 고독한

1418 □ distant
[dístənt]
형 (거리·시간적으로) 먼, 아득한
* distance 명 거리, 도정
« at a **distance** 어느 정도 거리를 두고
« in the **distance** 먼 곳에

1419 □ ocean
[óuʃən]
명 [the~] 대양, 해양, 바다

315

Abstracts of the papers will be distributed in advance.

논문의 적요가 미리 배포될 것이다.

1420 □ **abstract**
[ǽbstǽkt]
- 명 적요, 요약, 추상
- 동 요약하다, 발췌하다
- 형 추상적인 (⇔concrete), 관념적인

1421 □ **paper**
[péipər]
- 명 연구논문, 리포트, 종이

1422 □ **distribute**
[distríbju:t]
- 동 배포하다, 배분하다
- ＊ distribution 명 배포, 배분

1423 □ **in advance**
미리, 앞서
- 《 in **advance** of ～보다 앞서서

316

Let's leave the minor details aside for the time being.

당분간 중요하지 않은 세부사항은 고려하지 말자.

1424 □ **minor**
[máinər]
- 형 중요하지 않은 (⇔major), 작은 쪽의
- ＊ minority 명 소수 (⇔ majority 대다수)

1425 □ **detail**
[ditéil]
- 명 세부사항, 세부
- 동 자세히 말하다
- 《 in **detail** 상세하게, 자세히

317

> The thermometer registered 30 degrees Celsius in the shade.
>
> 온도계는 음지에서 섭씨 30도를 가리켰다.

1426 □ **thermometer** 명 온도계, 지표
[θərmάmətər]

1427 □ **register** 동 가리키다, 기록하다, 등록하다
[rédʒistər]

1428 □ **degree** 명 정도, 도
[digríː]

1429 □ **Celsius** 명 섭씨
[sélsiəs]

1430 □ **shade** 명 음지, 그늘
[ʃeid] ☞ shadow 명 그림자

318

The device is widely utilized to set off an alarm when there is a gas leak.

그 장치는 가스 누출이 있을 때 경보를 작동시키기 위해 널리 이용되고 있다.

1431 ☐ **device**
[diváis]
- 명 장치, 고안품
- ＊ devise　동 궁리하다, 고안하다

1432 ☐ **widely**
[wáidli]
- 부 널리, 크게
- ＊ wide　형 폭이 넓은
- ＊ width　명 폭, 가로, 넓이
- ＊ widen　동 넓히다, 넓게 하다

1433 ☐ **utilize**
[júːtəlàiz]
- 동 이용하다, 활용하다
- ＊ utilization　명 이용
- ＊ utility　명 유익, 유용

1434 ☐ **alarm**
[əláːrm]
- 명 경보(기)
- 동 경보하다, 놀라게 하다

1435 ☐ **leak**
[liːk]
- 명 누출, 누출구
- 동 새다

319

See that you do not go around with undesirable characters.

탐탁지 않은 사람과 사귀지 않도록 주의해라.

1436 ☐ **undesirable**
[ʌ̀ndizáiərəbl]
- 형 바람직하지 않은, 탐탁지 않은

1437 ☐ **character**
[kǽriktər]
- 명 (~한) 사람, 인물, 성격, 특색
- ＊ characteristic　형 특징적인
　　　　　　　　　　 명 특징, 특색

320

The cherry blossoms along the riverbank are now in full bloom [at their best].

강기슭을 따라 피어 있는 벚꽃들이 지금 한창이다.

1438 ☐ **cherry blossom**	벚꽃
	✱ blossom 명 꽃 동 꽃이 피다
1439 ☐ **riverbank** [rívərbæ̀ŋk]	명 강기슭, 강둑 (bank)
1440 ☐ **bloom** [blu:m]	명 꽃
	동 꽃이 피다
	« in full **bloom** 만개하여, (꽃 등이) 한창으로

321

Water consists of hydrogen and oxygen, and has three states, liquid, solid, and gas.

물은 수소와 산소로 이루어져 있고 액체, 고체, 기체의 세 가지 상태가 있다.

1441 ☐ **consist of**	~으로 구성되다, ~으로 이루어져 있다
	☞ consist in ~에 있다, ~에 존재하다
1442 ☐ **hydrogen** [háidrədʒən]	명 수소 ☞ 원소기호는 H
	[hydro (=water) + gen (=produce) : 물을 생산하는 것]
1443 ☐ **oxygen** [ɑ́ksidʒən]	명 산소 ☞ 원소기호는 O
	[oxy (=acid 산) + gen (=produce) : 산을 생산하는 것]
1444 ☐ **liquid** [líkwid]	명 액체 (cf. solid 고체, gas 기체)
	형 액체의, 유동체의
1445 ☐ **solid** [sɑ́lid]	명 고체
	형 고체의, 튼튼한

322

We must conserve our forests if we are to make sure of a future supply of wood.

장래의 목재 공급을 확보하고 싶다면 우리는 삼림을 소중히 보호해야 한다.

1446 □ **conserve**
[kənsə́ːrv]

(동) 보호하다, 보존하다
* conservation (명) 보호, 보전

1447 □ **forest**
[fɔ́ːrist]

(명) 삼림
☞ woods보다 크고 야생동물이 사는 숲
* deforestation (명) 삼림 벌채

1448 □ **supply**
[səplái]

(명) 공급 (⇔demand 수요)
(동) 공급하다
≪ **supply** and demand　수요와 공급
≪ **supply** A with B　A에게 B를 공급하다

1449 □ **wood**
[wud]

(명) 목재, 장작, 수풀
* wooden (형) 목제의, 나무로 만든

Courage is resistance to fear,
mastery of fear — not absence of fear.
 — Mark Twain

용기란 두려움에 맞서 그것을 정복하는 것이지
두려움이 없는 상태가 아니다.

 — 마크 트웨인

323	☐ **preserve the balance**	균형을 유지하다
	☐ **reasonable compromises**	합리적인 타협
324	☐ **intrude on *one's* privacy**	사생활을 침해하다
	☐ **invention of the devil**	악마의 발명품
326	☐ **locate the missing dog**	실종된 개를 찾아내다
327	☐ **legal requirements**	법률상의 필요조건
	☐ **take effect**	효력을 발생시키다
328	☐ **make use of the old lumber**	오래된 목재를 이용하다
329	☐ **tropical rain forests**	열대우림
	☐ **have a critical impact on**	～에 중대한 영향력을 미치다
	☐ **global weather patterns**	지구의 기상 형태
330	☐ **historic site**	사적
331	☐ **lay emphasis on**	～을 중시 [강조] 하다
	☐ **annual meeting**	연차 정례회
332	☐ **be preoccupied with dates**	데이트에 열중하다
333	☐ **stuff that lies at hand**	근처에 놓여 있는 재료
334	☐ **qualified candidate**	자격 있는 후보자
335	☐ **hurt *one's* feelings**	감정을 상하게 하다
	☐ **that casual remark**	무심코 한 말
336	☐ **repeated requests**	거듭되는 요청
337	☐ **regardless of faction**	당파와는 관계없이

339 □ **purpose of *one's* trip abroad**　　해외여행의 목적

340 □ **tender affection**　　부드러운 애정
□ **to the end of *one's* life**　　평생토록

341 □ **reject the budget bill**　　예산안을 부결하다
□ **overwhelming majority**　　압도적인 다수

342 □ **forthcoming movie**　　곧 상영될 영화

343 □ **run away from home**　　가출하다

344 □ **comply with *one's* order**　　주문에 응하다
□ **at short notice**　　곧바로, 급히

345 □ **primitive forms of life**　　생물의 원시적인 형태

346 □ **congratulation on *one's* graduation**　　졸업 축하

347 □ **There is no denying the fact that~**　　~라는 사실을 부인할 수 없다
□ **present-day life**　　현대 생활

348 □ **be charged with treason**　　반역죄로 고발되다

349 □ **fossils of extinct animals**　　멸종된 동물의 화석

350 □ **soothe *one's* conscience**　　양심을 위로하다, 마음을 달래다

351 □ **be content with *one's* lot**　　자신의 운명에 만족하다

352 □ **take drastic measures**　　과감한 조치를 강구하다
□ **stabilize the currency**　　통화를 안정시키다

323

We must preserve the balance by means of reasonable compromises.

우리는 합리적인 타협으로 균형을 유지해야 한다.

1450 □ **preserve**
[prizə́:rv]
- 동 유지하다, 보존하다
- * preservation 명 보존, 보호

1451 □ **balance**
[bǽləns]
- 명 균형, 조화

1452 □ **by means of**
- ~으로, ~에 의해서

1453 □ **reasonable**
[rí:zənəbl]
- 형 합리적인, 이치에 맞는
- * reason 명 이유, 이성

1454 □ **compromise**
[kámprəmàiz]
- 명 타협, 화해
- 동 타협하다, 화해하다

324

I think the telephone, which intrudes on our privacy, is an invention of the devil.

전화는 우리의 사생활을 침해하므로 악마의 발명품이라 생각한다.

1455 □ **intrude**
[intrú:d]
- 동 침해하다, 끼어들다, 강요하다
- * intrusion 명 억지, 침해, 방해

1456 □ **privacy**
[práivəsi]
- 명 사생활
- * private 형 개인의, 개인적인

1457 □ **invention**
[invénʃən]
- 명 발명(품), 고안(물)
- * invent 동 발명하다, 날조하다
- * inventive 형 발명의 재능이 있는, 독창적인

1458 □ **devil**
[dévəl]
- 명 악마, 마왕

325

I despise him, not because he is timid, but because he is sly.

내가 그를 경멸하는 것은 그가 겁쟁이라서가 아니라 교활하기 때문이다.

1459 ☐ **despise**
[dispáiz]

⑧ 경멸하다, 혐오하다

1460 ☐ **timid**
[tímid]

⑩ 겁이 많은, 소심한
＊ timidity ⑲ 겁 많음 (⇔bravery 용감)

1461 ☐ **sly**
[slai]

⑩ 교활한, 은밀의
« on the **sly** 살짝, 남몰래

326

After we located the missing dog, he had no difficulty (in) identifying it as his own.

실종된 개를 찾아내자 그는 별 어려움 없이 그 개가 자신의 개라는 걸 알았다.

1462 ☐ **locate**
[lóukeit]

⑧ 찾아내다, 알아내다
＊ location ⑲ 위치, 장소

1463 ☐ **missing**
[mísiŋ]

⑩ 행방불명의

1464 ☐ **identify**
[aidéntəfài]

⑧ 확인하다, 동일시하다, (~임을) 알다
« **identify** A as B A를 B라고 확인(인정)하다
« **identify** A with B A를 B와 동일시하다
＊ identity ⑲ 동일함, 독자성

327

Divorce is lawful but subject to legal requirements before taking effect.

이혼은 법으로 인정되고는 있지만 효력을 발생하기 전에는 법률상의 필요조건에 따른다.

1465 ☐ **divorce**
[divɔ́:rs]
명 이혼 (⇔marriage 결혼)
동 이혼하다, 이혼시키다

1466 ☐ **lawful**
[lɔ́:fəl]
형 법률로 인정된 [정해진], 합법의

1467 ☐ **subject**
[sʌ́bdʒikt]
형 (승인 등을) 받아야 하는, ~의 영향을 받는 (to)
≪ The plan is **subject** to your approval.
이 계획은 귀하의 승인을 요합니다.

1468 ☐ **legal**
[líːgəl]
형 법률의, 합법의
(⇔illegal 불법의)

1469 ☐ **requirement**
[rikwáiərmənt]
명 필요 조건, 요구, 필요
＊ require 동 필요로 하다, 요구하다

1470 ☐ **effect**
[ifékt]
명 결과 (⇔cause 원인), 효과
[the, that과 함께] 취지, 의미
≪ take **effect** 효력을 나타내다, 실시되다
≪ in **effect** 실제로는, (법률 등이) 효력있는
≪ to the **effect** that ~ ~라는 취지로
＊ effective 형 효과적인, 유효한

328

He made use of the old lumber to repair the shed.

그는 오두막을 수리하기 위해 오래된 목재를 이용했다.

1471 ☐ **make use of** ~을 이용하다

| 1472 □ **repair**
[ripέər] | 동 수리하다, 수선하다
명 수리, 수선 |
| 1473 □ **shed**
[ʃed] | 명 오두막, 창고
동 (피·눈물 등을) 흘리다 |

329

Tropical rain forests also have a critical impact on global weather patterns.

열대우림은 또한 지구의 기상 형태에 중대한 영향을 미치고 있다.

1474 □ **tropical** [trάpikəl]	형 열대의, 열대지방의 « **tropical** rain forests 열대우림 ∗ tropic 명 [the tropics] 열대지방 형 열대의
1475 □ **critical** [krítikəl]	형 중대한, 비판적인 ∗ crisis 명 위기
1476 □ **impact** [ímpækt]	명 영향(력), 충격 동 충돌하다, 강한 영향을 주다
1477 □ **global** [glóubəl]	형 지구의, 세계적인 ∗ globe 명 지구
1478 □ **pattern** [pǽtərn]	명 형태, 패턴 « weather **patterns** 기상(날씨) 형태

330

A fragment[A broken piece] of a jar was dug (out) from the historic site.

그 사적에서 항아리의 파편이 발굴되었다.

1479 □ **fragment** [frǽgmənt]	명 파편, 조각
1480 □ **piece** [piːs]	명 조각, 일부(분) ☞ peace(평화)와 동음
1481 □ **jar** [dʒɑːr]	명 항아리, 병
1482 □ **dig** [dig]	동 파내다, 찾아내다 (out)
1483 □ **historic** [histɔ́ːrik]	형 역사적으로 중요한, 역사적인 « **historic** site [spot] 사적 ＊ historical 형 역사의, 사실에 근거한
1484 □ **site** [sait]	명 장소, 용지, 유적

331

The union has laid particular emphasis on its annual meeting.

그 조합은 연차 정례회에 특별히 중점을 두고 있다.

1485 □ **union** [júːnjən]	명 조합, 노동조합, 결합
1486 □ **lay** [lei]	동 (-laid -laid) 놓다, (희망·중점 등을) 두다

1487 ☐ **particular**	형 특별한, 특정의, 특유의
[pərtíkjulər]	« be **particular** about ～에 까다롭게 굴다
	« in **particular** 특히, 무엇보다도
	* particularly 부 특히

1488 ☐ **emphasis**	명 강조, 중시
[émfəsis]	« lay(put) **emphasis** on ～에 중점을 두다
	～을 강조하다
	* emphasize 동 강조하다, 중점을 두다

1489 ☐ **annual**	형 매년의, 1년(간)의
[ǽnjuəl]	« an **annual** meeting 연차 정례회

332

Unfortunately, she was too preoccupied with dates to allot much time for her studies.

불행하게도 그녀는 데이트에 너무 열중한 나머지 공부하는 데 많은 시간을 할애할 수 없었다.

1490 ☐ **unfortunately**	부 불행하게도, 공교롭게도
[ʌnfɔ́ːrtʃənitli]	* unfortunate 형 불운한

1491 ☐ **preoccupy**	동 열중시키다, 마음을 빼앗다
[priːɑ́kjupài]	* preoccupation 명 몰두, 열중

1492 ☐ **date**	명 데이트, 날짜
[deit]	동 날짜를 써넣다, ～와 데이트하다
	« **date** back to ～로 거슬러 올라가다
	« out of **date** 시대에 뒤떨어진

1493 ☐ **allot**	동 할당하다, 분배하다
[əlɑ́t]	

333

> They made an awkward substitute out of the stuff
> that lay at hand.
>
> 그들은 근처에 놓여 있던 재료로 서투른 대용품을 만들었다.

1494 □ **awkward**
[ɔ́:kwərd]
- 형 어색한, 서투른

1495 □ **substitute**
[sʌ́bstətjùːt]
- 명 대용품, 대리인
- 동 대신하다, 대리하다
- « **substitute** A for B   B대신 A를 쓰다

1496 □ **stuff**
[stʌf]
- 명 재료, 물건
- ☞ staff 명 직원

1497 □ **at hand**
- 근처에, 가까이에, 가까운 장래에
- « The appointed day is close **at hand**.
  약속한 날이 다가오고 있다.

334

> He is a qualified candidate for deputy chairman.
>
> 그는 부의장으로 자격 있는 후보자이다.

1498 □ **qualified**
[kwálǝfàid]
- 형 자격 있는, 적임의
- * qualify   동 ~에게 자격을 부여하다,
                      적임으로 하다
- * qualification 명 자격, 능력

1499 □ **candidate**
[kǽndidèit]
- 명 입후보자, 지원자

1500 □ **deputy**
[dépjuti]
- 형 부(副)의, 대리의
- 명 대리인

1501 □ **chairman**
[tʃɛ́ərmən]
- 명 의장, 위원장, 회장

335

He deeply hurt[injured] her feelings with that casual remark.

그가 무심코 한 말이 그녀의 감정에 깊은 상처를 입혔다.

1502 □ **hurt**
[hə:rt]
동 (사람·신체의 일부를) 다치게 하다,
(감정을) 상하게 하다

1503 □ **injure**
[índʒər]
동 상처를 입히다, 다치게 하다
* injurious 형 유해한

1504 □ **casual**
[kǽʒuəl]
형 무심결의, 우연의
* casually 부 우연히, 무심코

1505 □ **remark**
[rimá:rk]
명 말, 비평
동 말하다

336

Our boss reluctantly consented to the repeated requests.

우리 상사는 거듭되는 요청에 마지못해 동의했다.

1506 □ **boss**
[bɑs]
- 명 상사, 윗사람, 사장
- ☞ 영어의 boss는 사장, 부장, 과장, 주임 등을 가리키는 말로 우리말의 '보스'가 갖는 나쁜 이미지는 갖고 있지 않다.

1507 □ **reluctantly**
[rilʌ́ktəntli]
- 부 마지못해, 싫어하면서
- * reluctant 형 마음이 내키지 않는, 싫어하는
- « be **reluctant** to do ~하고 싶어하지 않다
- * reluctance 명 마음이 내키지 않음, 싫음

1508 □ **consent**
[kənsént]
- 동 동의하다, 승낙하다
- 명 동의, 승낙

1509 □ **repeated**
[ripíːtid]
- 형 거듭되는, 되풀이 된
- * repeat 동 반복하다
- * repetition 명 되풀이, 반복

1510 □ **request**
[rikwést]
- 명 요청, 부탁
- 동 요청하다, 간청하다

337

Men of goodwill and generosity should be able
to unite regardless of faction or politics.

선의와 관대함을 지닌 사람들은 당파나 정견에 관계없이 단결할 수 있어야
한다.

1511 □ **goodwill**
[gúdwíl]
- 명 선의, 호의, 친선
- « international **goodwill** 국제 친선

1512 □ **generosity**
[dʒènərásəti]
- 명 관대함
- * generous 형 관대한

1513 □ **unite**
[ju(:)náit]
- 동 단결하다
- * unity 명 단일, 통일
- * unit 명 단위, 단일체, 하나

1514 □ **regardless**
[rigáːrdlis]
- 형 무관심한, 주의하지 않는
- « **regardless** of ~에 관계없이

1516 □ **faction**
[fǽkʃən]
- 명 당파, 파벌
- * factional 형 파벌의, 당파의

1517 □ **politics**
[pálətìks]
- 명 [복수 취급] 정견(政見), 정강,
  [단수 취급] 정치, 정치학
- * political 형 정치의, 정치에 관한
- * politician 명 정치가

338

It corresponds to an event described in the
gloomy prophecies of the pessimist.

그것은 염세주의자의 비관적인 예언에 묘사된 사건과 일치한다.

1518 □ **correspond**
[kɔ̀ːrəspɑ́nd]

- 동 일치하다, 상당하다
- « **correspond** to(with) ~와 일치하다
- « **correspond** with ~와 서신 왕래하다
- * correspondence 명 일치 (agreement), 통신
- * correspondent 명 통신원[기자], 특파원

1519 □ **describe**
[diskráib]

- 동 묘사하다, 설명하다
- * description 명 묘사, 기술
- « beyond **description**
  말로는 표현할 수 없는

1520 □ **gloomy**
[glúːmi]

- 형 우울한, 절망적인, 어두운, 비관적인
- * gloom 명 어둠침침함, 우울

1521 □ **prophecy**
[práfəsi]

- 명 예언
- * prophesy 동 예언하다
- * prophet 명 예언자

1522 □ **pessimist**
[pésəmist]

- 명 염세주의자, 비관론자
- * pessimism 명 비관론
- * pessimistic 형 비관적인

339

> The purpose of my trip abroad was to visit Paris, the sophisticated capital of France.
>
> 나의 해외여행의 목적은 프랑스의 세련된 수도 파리를 방문하는 것이었다.

1523 □ **purpose**
[pə́ːrpəs]

- 몡 목적, 목표
- « for [with] the **purpose** of ~ing
  ~할 목적으로

1524 □ **abroad**
[əbrɔ́ːd]

- 뷔 국외(해외)로
- « study **abroad** 유학하다

1525 □ **visit**
[vízit]

- 됭 찾아가다, 방문하다
- 몡 방문, 구경
- « pay a **visit** to ~을 방문하다

1526 □ **sophisticated**
[səfístəkèitid]

- 혱 세련된, 정교한
- * sophistication 몡 세련(된 것)

1527 □ **capital**
[kǽpətl]

- 몡 수도, 대문자, 자본
- 혱 주요한, 가장 중요한
- * capitalism 몡 자본주의
- ☞ '공산주의'는 communism, '사회주의'는 socialism
- * capitalist 몡 자본가, 자본주의자

340

He retained a tender affection for her to the end of his life.

그는 그녀에 대한 부드러운 애정을 평생토록 간직했다.

1528 ☐ **retain**
[ritéin]
🟢 간직하다, 유지하다

1529 ☐ **tender**
[téndər]
🟢 애정어린, 부드러운, 다정한

1530 ☐ **affection**
[əfékʃən]
🟣 애정, 애착
* affect 🟢 ~에 영향을 미치다, 감동시키다
* affectionate 🟢 애정이 풍부한, 상냥한

341

The budget bill was rejected by an overwhelming majority.

그 예산안은 압도적인 다수로 부결되었다.

1531 ☐ **budget**
[bʌ́dʒit]
🟣 예산(안), 경비

1532 ☐ **bill**
[bil]
🟣 법안, 청구서, 지폐
☞ 레스토랑 등의 계산서는 《미》 check

1533 ☐ **reject**
[ridʒékt]
🟢 거절하다
* rejection 🟣 거절, 거부

1534 ☐ **overwhelming**
[òuvərhwélmiŋ]
🟢 압도적인, 저항할 수 없을 정도의
* overwhelm 🟢 압도하다

1535 ☐ **majority**
[mədʒɔ́:rəti]
🟣 대다수, 대부분, 과반수
* major 🟢 주요한, 중요한

342

The forthcoming movie is suitable only for mature
audiences.

곧 상영될 그 영화는 성인 관객에게만 적합하다.

1536 ☐ **forthcoming**
[fɔ́ːrθkʌ̀miŋ]

형 곧 오는

« a **forthcoming** book   근간 도서

1537 ☐ **movie**
[múːvi]

명 영화

1538 ☐ **suitable**
[súːtəbl]

형 적당한, 적절한

1539 ☐ **mature**
[mətʃúər]

형 성인의, 충분히 발달한, 분별 있는

동 성숙하다, 어른이 되다

* maturity   명 성숙

1540 ☐ **audience**
[ɔ́ːdiəns]

명 관객, 청중

343

I remember running away from home in my teens
as I longed for city life.

나는 10대에 도시생활을 동경하여 가출했던 적이 있다.

1541 ☐ **remember ~ing**

(과거에) ~한 것을 기억하고 있다

« I **remember** seeing him.

그와 만난 기억이 있다.

« **remember** to do

(장래) ~할 것을 기억해 두다

I must **remember** to see him.

잊지 않고 그와 만나야 한다.

1542 ☐ **run away from**

~로부터 도망치다

1543 ☐ **in one's teens**

10대에 (13~19세)   ☞ in one's twenties   20대에

344

We are sorry (that) we cannot comply with your
order at such short notice.

유감스럽지만 갑작스런 주문이라서 응할 수 없습니다.

1544 □ **comply**
[kəmplái]

- 동 응하다, 따르다 (with)
- * compliance 명 응낙, 승낙

1545 □ **order**
[ɔ́:rdər]

- 명 주문, 명령, 질서, 순서
- 동 명령하다, 주문하다
- « be on **order** 주문되어 있다
- « out of **order** 순서가 틀려서, 고장나서

345

Primitive forms of life have evolved into more
advanced ones.

생물의 원시적인 형태가 보다 진보한 형태로 진화했다.

1546 □ **primitive**
[prímətiv]

- 형 원시적인, 원시(시대)의

1547 □ **evolve**
[ivάlv]

- 동 진화[발전]하다
- * evolution 명 진화, 발전
- « the theory of **evolution** 진화론

1548 □ **advanced**
[ædvǽnst]

- 형 고등의, 앞선
- * advance 동 진보하다, 전진하다

1549 □ **one(s)**
[wʌn(z)]

- 대 (앞에 나온 가산명사의 대체어로) (~한) 것
- ☞ 예문의 ones는 forms 대신 쓰이고 있다.

346

I wired him a message of congratulation on his graduation.

나는 그에게 졸업을 축하하는 내용의 전보를 쳤다.

1550 ☐ **wire**
[wáiər]
- 동 타전하다, 전보로 알리다
- 명 전신, 철사, 전선

1551 ☐ **message**
[mésidʒ]
- 명 전언, 메시지, 통신(문)

1552 ☐ **congratulation**
[kəngrætʃuléiʃən]
- 명 축하, 경하, 축사
- * congratulate 동 축하의 말을 전하다
- « **congratulate** A on B
  - A(사람)의 B를 축하하다

1553 ☐ **graduation**
[grædʒuéiʃən]
- 명 졸업, 졸업식
- * graduate 동 졸업하다
  - 명 졸업생

347

There is no denying the fact that the telephone is indispensable to present-day life.

전화가 현대 생활에 있어 빠뜨릴 수 없는 것이라는 사실은 부인할 수 없다.

1554 ☐ **deny**
[dinái]
- 동 부인하다, (요구 등을) 거절하다
- * denial 명 부정, 거절

1555 ☐ **indispensable**
[ìndispénsəbl]
- 형 절대 필요한, 불가결한

1556 ☐ **present-day**
[prézntdéi]
- 형 현대의, 오늘날의

348

Six officers have been formally charged with treason in connection with the coup attempt.

여섯 명의 장교들이 쿠데타 시도와 관련하여 정식으로 반역죄로 고발되었다.

1557 □ **officer** [ɔ́:fisər]	명	장교, 임원, 공무원
1558 □ **charge** [tʃɑ́:rdʒ]	동	청구하다, 고발하다, (의무·책임 등을) 지우다
	명	요금, 비난, 혐의
	«	in **charge** of ~을 맡고 있는, 담당의
	«	take **charge** of ~을 맡다, 담당하다
1559 □ **treason** [trí:zn]	명	반역(죄)
1560 □ **connection** [kənékʃən]	명	관련, 관계
	«	in **connection** with ~와 관련해서
	*	connect 동 연결짓다, 관련짓다
1561 □ **coup** [ku:]	명	쿠데타 (coup d'état)
1562 □ **attempt** [ətémpt]	명	시도, 기도
	동	시도하다, 기도하다

349

An exhibition of fossils of extinct animals has opened at the science museum.

멸종된 동물의 화석을 모은 전람회가 과학박물관에서 열렸다.

1563 □ **exhibition** [èksəbíʃən]	명	전람회, 전시회
	*	exhibit 동 전시하다, 나타내다

1564 ☐ **fossil**
[fάsəl]
- 명 화석
- 형 화석의
- « **fossil** fuel   화석 연료

1565 ☐ **extinct**
[ikstíŋkt]
- 형 멸종된, (불 등이) 꺼진
- * extinction   명 멸종
- * extinguish   동 끄다

1566 ☐ **museum**
[mju:zí:əm]
- 명 박물관, 미술관

350

I do not say this to persuade you, but merely to soothe my conscience.

내가 이렇게 말하는 것은 너를 설득하기 위해서가 아니라 단지 나 자신의 위안을 위해서야.

1567 ☐ **persuade**
[pərswéid]
- 동 설득하다, 납득시키다
- « **persuade** A to do
  A(사람)를 설득해서 ~시키다
- * persuasive   형 설득력 있는
- * persuasion   명 설득, 확신

1568 ☐ **merely**
[míərli]
- 부 단지 (~할 뿐), 단순히
- * mere   형 단지 …에 불과한, 단순한

1569 ☐ **soothe**
[sú:ð]
- 동 달래다, 위로하다

1570 ☐ **conscience**
[kάnʃəns]
- 명 양심, 도덕의식
- « for **conscience**(') sake
  양심에 거리낌이 없도록, 제발
- * conscientious   형 양심적인

351

She was obstinately unwilling to be content(ed) with her lot.

그녀는 고집스럽게도 자신의 운명에 만족할 마음이 아니었다.

1571 □ **obstinately**
[ábstənətli]

부 고집세게, 완고하게
* obstinate 형 완고한, 고집센

1572 □ **unwilling**
[ʌnwíliŋ]

형 마음이 나지 않는
« be **unwilling** to ~할 마음이 나지 않다
* unwillingness 명 마음이 내키지 않음

1573 □ **content**
[kəntént]

형 만족하는 (contented보다 구어적임)
    ☞ satisfied는 '완전히 만족한'
동 만족시키다, ~에게 만족을 주다
명 만족감
« to one's heart's **content** 마음껏, 충분히
* contentment 명 만족

1574 □ **lot** [lɑt]

명 운명, 제비

352

Drastic measures must be taken to stabilize the currency.

통화를 안정시키기 위해서는 과감한 조치가 강구되어야 한다.

1575 □ **drastic**
[dræstik]

형 과감한, 발본적인

1576 □ **measures**
[méʒərs]

명 수단, 대책, 조치
« take **measures** 조치를 취하다

1577 □ **stabilize**
[stéibəlàiz]

동 안정시키다
* stable   형 안정된
* stability 명 안정(성), 착실

1578 □ **currency**
[kə́:rənsi]

명 통화, 화폐, 유통
* current 형 현재의 명 흐름

Consideration for others is the basis
of a good life, a good society.

— Confucius

다른 사람을 배려함이 좋은 삶과 좋은 사회의
기본이다.

— 공자 (논어)

353	□ **contrive the coincidence**	우연의 일치를 꾀하다
354	□ **I owe you an apology**	너에게 사과할 일이 있어
356	□ **electric appliances**	전기 기구
357	□ **silence of the night**	밤의 정적
358	□ **revolution in architecture**	건축에 있어서의 대변혁
359	□ **millions of human beings** □ **die of starvation**	수백 만의 사람들 굶어죽다
360	□ **do without electricity**	전기 없이 살다
361	□ **simultaneous interpreter**	동시통역사
362	□ **come into existence**	탄생하다, 생겨나다, 출현하다
363	□ **classify a collection of shells**	조개껍질 수집물을 분류하다
364	□ **lasting peace** □ **decent standard of living** □ **affluent life style**	항구적인 평화 상당한 생활 수준 풍족한 생활 양식
365	□ **stop silly chatter** □ **do something concrete**	쓸데없는 잡담을 그만두다 뭔가 구체적인 일을 하다
366	□ **be seized with an impulse** □ **at the top of** *one's* **voice**	충동에 휩싸이다 큰소리로, 목청껏
367	□ **wherever there is love**	사랑이 있는 곳이라면 어디든지

368	☐ **tension in the muscles**	근육의 긴장
369	☐ **dormitory superintendent**	기숙사 사감
370	☐ **reach a consensus**	의견의 일치를 보다
	☐ **shelve the motion**	동의안을 보류시키다
371	☐ **volcanic eruption**	화산 폭발
372	☐ **dismiss a secretary**	비서를 해고하다
373	☐ **grasp at things greedily**	물건을 탐욕스럽게 집다
374	☐ **incessant noise**	끊임없는 (소)음
	☐ **get on *one's* nerves**	신경에 거슬리다
375	☐ **hit upon the solution**	해결책을 생각해내다
	☐ **intricate problem**	복잡한 문제
376	☐ **adverse circumstances**	불리한 상황
	☐ **run in an election**	선거에 출마하다
377	☐ **put off *one's* departure**	출발을 연기하다
	☐ **owing to a cold**	감기 때문에
378	☐ **transmit the broadcast**	방송을 전하다
379	☐ **mischievous children**	장난꾸러기 아이들
	☐ **scatter off in all directions**	사방팔방으로 흩어지다
381	☐ **put down the riot**	폭동을 진압하다
	☐ **restore to tranquility**	평온을 회복하다
382	☐ **ordinary methods**	보통 방법
383	☐ **plastic greenhouse**	비닐하우스

353

> The coincidence couldn't have been contrived on
> purpose [deliberately].
>
> 그 우연의 일치가 고의로 꾸며졌을 리는 없다.

1579 ☐ **coincidence**   명 (우연의) 일치, 동시발생
   [kouínsidəns]   * coincide   동 (두 가지 일이) 동시에 일어나다,
                                    (행동·취미 등이) 일치하다

1580 ☐ **contrive**   동 꾸미다, (나쁜 일을) 획책하다
   [kəntráiv]   * contrivance   명 계획, 계략, 고안품

1581 ☐ **on purpose**   고의로, 일부러

1582 ☐ **deliberately**   부 고의로, 신중하게
   [dilíbərətli]   * deliberate   형 고의의, 신중한
                                    동 숙고하다
                    * deliberation   명 숙고

354

> I owe you my apologies for any inconvenience
> the staff may have given you.
>
> 직원이 끼쳤을지도 모르는 불편한 점에 대해서 사과를 드립니다.

1583 ☐ **apology**   명 사죄, 사과
   [əpálədʒi]   동 사과 (사죄)하다
                  ≪ **apologize** [to A] for B
                     (A에게) B를 사과하다

1584 ☐ **inconvenience** 　명 폐, 불편
[ìnkənvíːnjəns] 　« give A **inconvenience**
　　A에게 폐를 끼치다
　　* inconvenient 　형 불편한, 폐가 되는

1585 ☐ **staff** 　명 직원, 사원
[stæf]

355

Extensive damage has been inflicted on the wheat
harvest.

밀 수확에서 대규모의 손해를 입었다.

1586 ☐ **extensive** 　형 대규모의, 광범위한
[iksténsiv]

1587 ☐ **damage** 　명 손해, 피해
[dǽmidʒ] 　동 손해를 입히다
　　« do **damage** to ~에게 손해를 입히다

1588 ☐ **inflict** 　동 (손해나 고통을) 주다, 과하다 (on)
[inflíkt] 　« **inflict** A on B
　　A(손해나 고통)를 B에 주다

1589 ☐ **wheat** 　명 밀
[hwiːt] 　☞ 밀가루는 flour, 보리는 barley, 호밀은 rye

356

A variety of electric appliances have relieved
housewives of much labor.

다양한 전기 기구가 주부들의 많은 노동을 덜어 주었다.

1590 ☐ **variety**
[vəráiəti]

명 변화, 종류

« a **variety** of   다양한, 여러가지의

1591 ☐ **electric**
[iléktrik]

형 전기의, 전기로 움직이는

∗ electrical   형 전기에 관한, 전기의
∗ electricity   명 전기

1592 ☐ **appliance**
[əpláiəns]

명 (가정용) 기구, 장치, 전기제품

1593 ☐ **relieve**
[rilí:v]

동 (불안·고통 등을) 덜다, 완화시키다

« **relieve** A of B

A에게서 B를 제거하다[경감하다]

∗ relief   명 제거, 경감

1594 ☐ **housewife**
[háuswàif]

명 주부 (homemaker)

1595 ☐ **labor**
[léibər]

명 노동, 근로

∗ laborious   형 힘드는

357

The silence [quiet] of the night was broken by a
deafening scream.

그 밤의 정적은 귀청이 터질 것 같은 비명소리에 깨져버렸다.

1596 ☐ **silence**
[sáiləns]

명 정적, 고요함, 침묵

∗ silent   형 조용한

1597 ☐ **quiet**	명 정적, 평온, 고요
[kwáiət]	형 조용한, 평온한
	* quietness 명 정적, 조용함

1598 ☐ **deafening**	형 귀청이 터질 것 같은
[défəniŋ]	* deafen 동 귀를 먹먹하게 하다
	* deaf 형 귀머거리의, 귀를 기울이지 않는
	« turn a **deaf** ear to
	~에 조금도 귀를 기울이지 않다

| 1599 ☐ **scream** | 명 비명, 날카로운 소리 |
| [skrí:m] | 동 비명을 지르다 |

358

> That initiated a remarkable revolution in architecture.
>
> 그것은 건축 분야에서 주목할 만한 대변혁을 일으켰다.

1600 ☐ **initiate**	동 일으키다, 시작하다
[iníʃièit]	* initiative 명 시작, 주도권, 독창력
	* initial 형 최초의, 처음의

| 1601 ☐ **remarkable** | 형 놀랄만한, 주목할 만한 |
| [rimá:rkəbl] | * remarkably 부 매우, 두드러지게 |

| 1602 ☐ **revolution** | 명 대변혁, 혁명 |
| [rèvəlú:ʃən] | * revolutionary 형 혁명적인, 혁명의 |

1603 ☐ **architecture**	명 건축(학), 건축물
[á:rkətèktʃər]	* architectural 형 건축의
	* architect 명 건축가

359

> **Millions of human beings** have died of starvation
> or malnutrition in our age.
>
> 수백 만의 사람들이 오늘날 굶주리거나 영양실조로 죽었다.

1604 ☐ **millions of**

수백 만의

☞ dozen (12), score (20), hundred 등은 보통 -s를
붙이지 않는다; three hundred (300)
그러나 막연하게 다수를 나타낼 경우에는 복수형을 쓴다.
dozens of, scores of 수십의, hundreds of 수백의

1605 ☐ **human being**

사람, 인간

1606 ☐ **die**
[dai]

동 죽다

≪ **die** of (병·굶주림·노령으로) 죽다

≪ **die** from (외상이나 부주의로) 죽다

1607 ☐ **starvation**
[stɑːrvéiʃən]

명 기아, 아사(餓死)

＊ starve 동 굶주리다, 갈망하다

≪ **starve** to death 아사하다

1608 ☐ **malnutrition**
[mæ̀lnjuːtríʃən]

명 영양실조, 영양부족

＊ nutrition 명 영양섭취, 영양물

＊ nutritional 형 영양상의

1609 ☐ **age**
[eidʒ]

명 시대, 연령

360

We are used to civilized life and cannot do without electricity.

우리는 문화생활에 익숙해져 있어 전기 없이는 살아갈 수 없다.

1610 □ **civilized**
[sívəlàizd]

형 문명화된, 문명이 발달한

« **civilized** life 문화 생활

1611 □ **electricity**
[ilèktrísəti]

명 전기

« run on **electricity** 전기로 움직이다

* electric 형 전기의, 전기로 움직이는
* electrical 형 전기에 관한
* electronic 형 전자의

361

She is much sought after as a proficient simultaneous interpreter.

그녀는 숙달된 동시통역사로서 인기를 끌고 있다.

1612 □ **be much sought after** 인기 있다, 잘 팔리다

1613 □ **proficient**
[prəfíʃənt]

형 숙달된, 능숙한

* proficiency 명 숙달, 숙련

1614 □ **simultaneous**
[sàiməltéiniəs]

형 동시의, 동시에 일어나는

* simultaneously 부 동시에

1615 □ **interpreter**
[intə́:rpritər]

명 통역(자), 해석자, 해설자

* interpret 동 해석하다, 통역하다

« **interpret** A as B
A(사물)를 B라고 해석하다

* interpretation 명 해석, 통역

362

How did the cosmos come into existence from boundless chaos?

무한한 혼돈으로부터 어떻게 우주가 탄생했을까?

1616 ☐ **cosmos**
[kázməs]
- 명 [the~] 우주 (universe), 질서, 조화

1617 ☐ **existence**
[igzístəns]
- 명 존재, 생존
- « come into **existence**   태어나다, 출현하다
- * exist   동 존재하다, 생존하다

1618 ☐ **boundless**
[báundlis]
- 형 무한한, 끝없는
- * bound   명 [~s] 경계, 한계

1619 ☐ **chaos**
[kéiɑs]
- 명 혼돈 (⇔cosmos), 무질서

363

You can classify a collection of shells according to shape, color, or size.

조개껍질 수집은 형태나 색채 또는 크기에 따라 분류할 수 있다.

1620 ☐ **classify**
[klǽsəfài]
- 동 분류하다
- * classification   명 분류, 구분

1621 ☐ **collection**
[kəlékʃən]
- 명 수집, 수집물, 수금
- * collect   동 모으다, 수집하다
- * collective   형 집합적인, 공동의

1622 ☐ **shell**
[ʃel]
- 명 조개껍질, (콩의) 깍지

1623 ☐ **according to**
- ~에 따라서, ~에 따르면

1624 ☐ **shape**
[ʃeip]
- 명 형태, 모양
- 동 형성하다, 구체화하다
- « in **shape**   컨디션이 좋아서, 본래의 상태로

364

> Thanks to the lasting peace, we enjoy a decent standard of living, not to say an affluent life style.
>
> 항구적인 평화 덕분에 우리는 풍족한 생활 양식이라고는 말할 수 없지만 남부럽잖은 생활 수준을 향유하고 있다.

1625 ☐ **thanks to**	～덕분에, ～의 덕택으로
1626 ☐ **lasting** [læstiŋ]	형 영속하는, 오래 지속되는 ＊ last 동 계속되다
1627 ☐ **enjoy** [indʒɔ́i]	동 향유하다, 즐기다
1628 ☐ **decent** [díːsnt]	형 상당한, 남부럽잖은 ＊ decency 명 품위, 예의바름
1629 ☐ **affluent** [ǽfluənt]	형 풍족한, 부유한 ＊ affluence 명 풍족, 부유

365

> We must stop silly, empty chatter and do something concrete.
>
> 시시하고 쓸데없는 잡담은 그만두고 뭔가 구체적인 일을 해야 한다.

1630 ☐ **silly** [síli]	형 시시한, 어리석은
1631 ☐ **empty** [émpti]	형 무의미한, 실없는, 빈 동 (그릇 등을) 비우다
1632 ☐ **chatter** [tʃǽtər]	명 잡담, 수다 동 재잘재잘 지껄이다 ＊ chat 명 잡담 동 잡담하다
1633 ☐ **concrete** [kánkriːt]	형 구체적인, 실제의 명 콘크리트 동 단단히 하다, 콘크리트를 바르다

366

I was seized with an impulse to cry out at the top
of my voice.

나는 큰 소리로 외치고 싶은 충동에 휩싸였다.

1634 □ **seize** [si:z]	동 붙잡다, 붙들다 ≪ be **seized** with (격한 감정에) 휩싸이다, 사로잡히다
1635 □ **impulse** [ímpʌls]	명 충동, 일시적 감정 ≪ **impulse** buying 충동구매 ＊ impulsive 형 충동적인
1636 □ **cry out**	큰 소리를 지르다, 호통치다

367

Wherever there is love, there cannot fail to be
malice, jealousy, rage.

사랑이 있는 곳에는 반드시 악의, 질투, 분노가 있다.

1637 □ **wherever** [hwɛərévər]	접 ~하는 곳은 어디라도
1638 □ **not (never) fail to~**	반드시 ~하다
1639 □ **malice** [mǽlis]	명 악의, 적의, 원한 ＊ malicious 형 악의 있는
1640 □ **jealousy** [dʒéləsi]	명 질투, 시기심 ＊ jealous 형 질투가 많은, 시샘하는

368

The tension in the muscles of my face eased right away.

곧 안면 근육의 긴장이 풀렸다.

1641 ☐ **tension** [ténʃən]	뎽 긴장, 불안
1642 ☐ **muscle** [mʌ́sl]	뎽 근육, 근력 ＊ muscular 혱 근육의, 힘센
1643 ☐ **ease** [iːz]	뎡 (고통·고민 등을) 완화시키다, (통증 등이) 가벼워지다 뎽 안정, (고통의) 경감 《 at (one's) **ease** (at home) 마음 편하게 《 ill at **ease** 불안한, 안절부절 못하는
1644 ☐ **right away**	곧, 즉시

369

The dormitory superintendent reproached the student for his terrible conduct.

사감은 그 학생의 지나친 행동을 꾸짖었다.

1645 ☐ **dormitory** [dɔ́ːrmətɔ̀ːri]	뎽 기숙사
1646 ☐ **superintendent** [sùːpərintédənt]	뎽 …장(長), 감독자 《 a dormitory **superintendent** 사감 ＊ superintend 뎡 감독하다, 관리하다
1647 ☐ **reproach** [ripróutʃ]	뎡 비난하다, 꾸짖다 뎽 비난, 힐책
1648 ☐ **terrible** [térəbl]	혱 심한, 두려운 ＊ terror 뎽 공포
1649 ☐ **conduct** [kándʌkt]	뎽 행동, 행위 뎡 ~을 이끌다, 안내하다 《 **conduct** oneself 행동하다, 처신하다 ＊ conductor 뎽 차장, 안내자

370

The committee couldn't reach a consensus, so they shelved the motion.

위원회는 의견의 일치를 보지 못해서 그 동의안을 보류시켰다.

1650 ☐ **committee**
[kəmíti]
명 위원회, [집합적] 위원 (전원)

1651 ☐ **consensus**
[kənsénsəs]
명 (의견 등의) 일치, 합의

1652 ☐ **shelve**
[ʃelv]
동 (의안 등을) 보류하다, 선반 위에 얹다
* shelf 명 선반

1653 ☐ **motion**
[móuʃən]
명 동의, 운동, 동작

371

The volcanic eruption was spontaneous, without any warning whatever.

화산 폭발은 아무런 전조 없이 자연 발생했다.

1654 ☐ **volcanic**
[vɑlkǽnik]
형 화산의, 화산성의
* volcano 명 화산
<< an active **volcano** 활화산

1655 ☐ **eruption**
[irʌ́pʃən]
명 폭발, 분화
* erupt 동 분화하다, 폭발하다

1656 ☐ **spontaneous**
[spɑntéiniəs]
형 자연 발생적인, 자발적인
* spontaneity 명 자발성, 자연 발생

1657 ☐ **warning**
[wɔ́:rniŋ]
명 전조, 경고
* warn 동 경고하다

1658 ☐ **whatever**
[hwɑtévər]
형 조금의 ~도, 어떤 ~도
☞ any 또는 no를 수반한 명사 뒤에 놓여 부정의 뜻을 강조한다. 강조형은 whatsoever

372

He dismissed[discharged] her on account of her incompetence as a secretary.

그녀가 비서로 부적격했기 때문에 그는 그녀를 해고했다.

1659 □ **dismiss**· [dismís]	동 해고하다, 해산시키다 (⇔employ)
	* dismissal 명 해고, 해산
1660 □ **discharge** [distʃɑ́:rdʒ]	동 해고하다, 면직시키다, (짐을) 내리다
1661 □ **on account of**	～때문에 [원인·이유] (because of)
1662 □ **incompetence** [inkɑ́mpətəns]	명 부적격, 무능력 (⇔competence 능력)
	* incompetent 형 능력 없는, 무능한
	명 무능력자, 부적격자
1663 □ **secretary** [sékrətèri]	명 비서, 서기, 장관
	≪ the **Secretary** of State (미국의) 국무장관

373

He grasps at things greedily just because he hasn't any inner certainty to fall back on.

그는 물건을 탐욕스럽게 붙잡으려고 한다. 왜냐하면 마음 속에 의지가 되는 어떤 확실한 것이 없기 때문이다.

1664 □ **grasp** [græsp]	동 움켜잡다, (물건·기회 등을) 붙잡으려고 하다
	명 움켜잡기, 이해력
1665 □ **greedily** [grí:dili]	부 탐욕스럽게, 욕심내어
	* greedy 형 탐욕스러운, 폭식하는
	* greed 명 탐욕, 욕심
1666 □ **inner** [ínər]	형 정신의, 내부의 (⇔outer)
1667 □ **certainty** [sə́:rtnti]	명 확실한 것, 확실성, 확신
	* certain 형 확실한, 확신하는

271 ●

374

He is complaining that the incessant, harsh noise gets on his nerves.

그는 그 끊임없이 들려오는 귀에 거슬리는 소리가 신경을 자극한다며 불평하고 있다.

1668 □ **complain**
[kəmpléin]
- 동 불평하다, 투덜대다
- * complaint 명 불평

1669 □ **incessant**
[insésnt]
- 형 끊임없는, 쉴새 없는

1670 □ **harsh**
[hɑːrʃ]
- 형 (소리 따위가) 귀에 거슬리는, 불쾌한 소리를 내는, 거친, 난폭한

1671 □ **noise**
[nɔiz]
- 명 소리, 잡음
- * noisy 형 시끄러운, 소란스러운

1672 □ **nerve**
[nəːrv]
- 명 신경, 용기, [~s] 신경과민
- « get on one's **nerves** ~의 신경을 건드리다
- * nervous 형 신경의, 신경질적인

375

We hit upon the solution to the intricate problem by chance.

우리는 우연히 그 복잡한 문제의 해결책을 생각해냈다.

1673 □ **hit upon**
- ~을 생각해 내다

1674 □ **intricate**
[íntrikət]
- 형 복잡한, 복잡하게 얽힌

1675 □ **by chance**
- 우연히, 뜻밖에

376

Adverse circumstances compelled him to give up running in the election.

불리한 상황이었기 때문에 그는 선거에 출마하는 것을 포기해야 했다.

1676 ☐	**adverse** [ædvə́:rs]	형	불리한, 반대의
		＊	adversity 명 역경, 불운
1677 ☐	**circumstance** [sə́:rkəmstæns]	명	[~s] (주위의) 상황, 사정
		≪	under the **circumstances** 이러한 사정때문에, 현상태로는
1678 ☐	**compel** [kəmpél]	동	강요하다, 강제하다
		≪	**compel** A to do A에게 강제로 ~시키다
		≪	be **compelled** to do 어쩔 수 없이 ~하다
		＊	compulsory 형 강제적인, 의무적인
1679 ☐	**give up**		포기하다, 버리다, 그만두다
1680 ☐	**run** [rʌn]	동	입후보하다
			달리다, 돌진하다
1681 ☐	**election** [ilékʃən]	명	선거
		＊	elect 동 고르다, 선출하다

377

He put off his departure till the next day owing to a cold.

그는 감기 때문에 출발을 다음날까지 연기했다.

1682 ☐	**put off**		연기하다
1683 ☐	**departure** [dipáːrtʃər]	명	출발 (⇔arrival 도착)
		＊	depart 동 출발하다
1684 ☐	**owing to**		~때문에 [원인·이유]
1685 ☐	**cold** [kould]	명	감기, 추위 형 추운, 차가운
		≪	catch (a) **cold** 감기들다

378

The broadcast was transmitted[relayed] around the world by satellite.

그 방송은 위성을 통해 전세계로 전해졌다.

1686 ☐	**broadcast** [brɔ́:dkæ̀st]	명 방송 동 방송하다 [broad (널리) + cast (던지다) ⇒ 방송하다]
1687 ☐	**transmit** [trænsmít]	동 (지식·보도 등을) 전하다, (물건 등을) 보내다 ＊ transmission 명 전달, 전송
1688 ☐	**relay** [rí:lei]	동 중계하다, (전언 등을) 교대하여 보내다
1689 ☐	**around** [əráund]	전 여기저기에, 도처에
1690 ☐	**satellite** [sǽtəlàit]	명 위성, 인공위성

379

The mischievous children scattered off in all directions like scared birds.

장난꾸러기 아이들은 겁에 질린 새처럼 사방팔방으로 흩어졌다.

| 1691 ☐ | **mischievous**
[místʃivəs] | 형 장난을 좋아하는, 개구쟁이의
＊ mischief 명 장난, 장난꾸러기 |
| 1692 ☐ | **scatter**
[skǽtər] | 동 흩뿌리다, 흩어지다 |

1693 □ **off** [ɔːf]	부 ~에서 떨어져, ~을 이탈하여
1694 □ **direction** [dírékʃən]	명 방향, 지도 << in all **directions** 사방팔방으로
1695 □ **scared** [skέərd]	형 놀란, 깜짝 놀란 * scare 동 놀라게 하다, 공포에 떨게 하다

380

> Tolerance is a crucial quality for dealing with people.
>
> 인내는 사람과 사귀는 데 있어 필수적인 자질이다.

1696 □ **tolerance** [tάlərəns]	명 인내, 관용 * tolerate 동 견디다, 참다 * tolerant 형 관용적인, 관대한 * tolerable 형 참을 수 있는
1697 □ **crucial** [krúːʃəl]	형 필수의, 결정적인, 매우 중대한
1698 □ **quality** [kwάləti]	명 특질, 특성 (characteristic), 질 (⇔quantity 양)
1699 □ **deal with**	사귀다, 대처하다, 다루다 ☞ deal in ~에 종사하다, ~을 상품으로서 취급하다

381

After the police put down the riot, the city was quickly restored to tranquility.

경찰이 폭동을 진압한 후, 그 시(市)는 곧 평온을 회복했다.

1700 □ **put down**　진정시키다, 억제하다, 받아적다

1701 □ **riot**
[ráiət]
명 폭동, 소동
동 폭동을 일으키다

1702 □ **restore**
[ristɔ́ːr]
동 회복하다, 복구하다
＊ restoration　명 원 상태로 돌리는 것, 회복

1703 □ **tranquility**
[træŋkwíləti]
명 평온, 정적
＊ tranquil　형 조용한, 온화한

382

The substance resisted analysis by ordinary methods.

이 물질은 보통 방법으로는 분석할 수 없다.

1704 □ **substance**
[sʌ́bstəns]
명 물질, 본질
＊ substantial　형 물질의, 실질적인, 상당한

1705 □ **resist**
[rizíst]
동 영향을 받지 않다, 저항하다, 반항하다
＊ resistance　명 저항, 반항

1706 □ **analysis**
[ənǽləsis]
명 분석
＊ analyze　동 분석하다

1707 □ **ordinary** 형 보통의, 평균의
[ɔ́:rdənèri]

1708 □ **method** 명 방법, 절차
[méθəd] * methodical 형 질서 정연한

383

Salad crops are intensively cultivated in this plastic greenhouse.

이 비닐하우스에서는 샐러드용 작물이 집중적으로 재배되고 있다.

1709 □ **salad** 명 샐러드, 샐러드용 생야채
[sǽləd]

1710 □ **crop** 명 작물, 수확고
[krɑp]

1711 □ **intensively** 부 집중적으로, 격심하게
[inténsivli] * intensive 형 집중적인, 철저한

1712 □ **cultivate** 동 재배하다, 경작하다
[kʌ́ltəvèit] * cultivation 명 경작, 재배

1713 □ **greenhouse** 명 온실, 건조실
[grí:nhàus] « plastic **greenhouse** 비닐하우스
« **greenhouse** effect 온실효과

384	☐ **heated debate**	격렬한 논쟁
	☐ **tax reform**	조세개혁

385	☐ **vague apprehension**	막연한 불안감

386	☐ **soldier's brave deeds**	병사의 용감한 행위

387	☐ **accept this offer**	이 제안을 받아들이다
	☐ **as a token of *one's* appreciation**	감사의 표시로

388	☐ **matter of temperament**	기질의 문제

389	☐ **scarcity of food**	식량 부족
	☐ **catastrophic drought**	대가뭄

390	☐ **make it to the summit**	정상에 도달하다
	☐ **run into hazard**	위험에 처하다

392	☐ **set up a monument**	기념비를 세우다

393	☐ **call off the ceremony**	의식을 취소하다

394	☐ **heavy burdens of taxation**	과세의 중압감

395	☐ **without even giving *one's* name**	이름도 말하지 않고

396	☐ **gas explosion**	가스 폭발

397	☐ **municipal authorities**	시 당국
	☐ **give sanction to**	~을 허가하다
	☐ **educational institution**	교육 기관

398	☐ **reckless driver**	무모한 운전사

399	☐ heir to *one's* large legacy	막대한 유산 상속인
400	☐ authentic information	믿을 만한 정보
	☐ expert in that field	그 분야의 전문가
401	☐ tremendous quantities of data	막대한 양의 데이터
402	☐ superficial defects	외견상의 결함
403	☐ have a toothache	이가 아프다
	☐ have the tooth pulled out	이를 뽑게 하다
405	☐ affirmative views	긍정적인 견해
	☐ expansion of armaments	군비 확장
407	☐ carry a haughty air	오만한 태도를 취하다
	☐ feel inferior to others	타인에게 열등감을 품고 있다
409	☐ decline *one's* invitation	초대를 거절하다
	☐ previous engagement	선약
410	☐ be hard to come by	얻기 힘들다
411	☐ sign the agreement	협정에 서명하다
	☐ all nations concerned	모든 관계국
412	☐ spare money	돈을 아끼다
	☐ alternative energy resources	대체 에너지 자원
413	☐ from an objective viewpoint	객관적인 견지에서 보면
	☐ make no sense	이치에 맞지 않다
414	☐ make people confess	사람을 자백시키다

384

A heated debate on the problem of tax reform
was then under way in the Diet.

그 때 조세개혁 문제에 관한 격론이 국회에서 진행중이었다.

1714 ☐ **heated**
[hí:tid]
- 형 뜨거워진, 격한

1715 ☐ **debate**
[dibéit]
- 명 토론, 의논
- 동 토론하다

1716 ☐ **tax**
[tæks]
- 명 세금, 조세
- 동 세금을 부과하다
- ✳ taxation 명 과세, 세금(액)

1717 ☐ **reform**
[rifɔ́:rm]
- 명 개혁, 개선
- 동 개혁하다, 마음을 돌려놓다

1718 ☐ **under way**
진행 중인
- ☞ under는 동작·행위의 과정을 나타내며 '～하는 중으로'
라는 뜻
  under construction   건설 중인
  under repair   수리 중인

1719 ☐ **Diet**
[dáiət]
- 명 [the~] 국회, 의회
- ☞ diet 명 일상적인 음식, 다이어트
- « **be on a diet**   식이요법을 하고 있다

385

I am perpetually haunted by a vague
apprehension about the future.

나는 언제나 장래에 대한 막연한 불안감에 사로잡혀 있다.

1720 ☐ **perpetually**
[pərpétʃuəli]
- 부 끊임없이, 영구히
- ✳ perpetual 형 끊임없는, 영속하는

1721 □ **haunt**
[hɔ:nt]

동 (싫은 생각·추억들이) 따라다니다,
(유령 등이) 자주 나타나다
명 [~s] 사람이 자주 가는 장소, 서식지

1722 □ **vague**
[veig]

형 막연한, 명료하지 못한

1723 □ **apprehension**
[æprihénʃən]

명 염려, 걱정, 이해(력), 체포
* apprehend   동 체포하다, 걱정되다
* apprehensive   형 염려하는, 우려하는

386

> The soldier's brave deeds brought him fame and wealth.
>
> 용감한 행위로 그 병사는 명성과 부를 얻었다.

1724 □ **soldier**
[sóuldʒər]

명 병사, 군인

1725 □ **brave**
[breiv]

형 용감한
* bravery   명 용감

1726 □ **deed**
[di:d]

명 행위, 업적
☞ do의 명사형

1727 □ **bring A B**

A(사람)에게 B(물건·일)를 가져오다

1728 □ **fame**
[feim]

명 명성, 평판
* famous   형 유명한
* infamous   형 악명 높은, 수치스러운

1729 □ **wealth**
[welθ]

명 부, 재산, 유복
* wealthy   형 유복한

387

Please accept this offer as a small token of our appreciation.

부디 저희의 약소한 감사의 표시로 이 제안을 받아들여 주세요.

1730 □ **accept**	통 수락하다, 받아들이다
[æksépt]	* acceptance 명 수락, 용인
	* acceptable 형 받아들일 수 있는

| 1731 □ **offer** | 명 제안, 신청 |
| [ɔ́:fər] | 통 제공하다, 제출하다 |

| 1732 □ **as a token of** | ~의 표시로서, ~의 기념으로 (in token of) |
| | * token 명 표시, 증거 |

| 1733 □ **appreciation** | 명 감사, 감상 |
| [əprì:ʃiéiʃən] | * appreciate 통 감사하다, 평가하다 |

388

Some like staring down a microscope all day and others don't ; it is a matter of temperament.

어떤 사람은 하루 종일 현미경을 들여다 보길 좋아하고 다른 사람은 그렇지 않은데, 이것은 기질의 문제다.

| 1734 □ **stare** | 통 쳐다보다, 응시하다, 뚫어지게 보다 |
| [stɛər] | |

| 1735 □ **microscope** | 명 현미경 [micro (미세함) + scope (~을 보는 기기)] |
| [máikrəskòup] | ☞ telescope 명 망원경 [tele (먼) + scope] |

| 1736 □ **matter** | 명 사항, 문제 |
| [mǽtər] | 통 중요하다 |

1737 □ **temperament**	명 기질, 천성
[témpərəmənt]	* temperamental 형 기질의, 신경질적인
	* temper 명 기분, 감정, 기질

389

> There was a noticeable scarcity of food during the catastrophic drought.
>
> 그 대가뭄의 시기 동안 식량이 현저히 부족했었다.

1738 ☐ **noticeable** [nóutisəbl]	형 현저한, 눈에 띄는 * notice 동 주의하다, 알아채다 명 주의, 주목
1739 ☐ **scarcity** [skέərsəti]	명 부족, 결핍 * scarce 형 모자라는, 부족한 * scarcely 부 거의 ~ 않다, 겨우
1740 ☐ **catastrophic** [kætəstráfik]	형 대참사의, 비극적인 * catastrophe 명 대참사, 대재해
1741 ☐ **drought** [draut]	명 가뭄, 한발

390

> The climbers easily made it to the summit, but ran into hazard on the descent.
>
> 등반자들은 쉽게 정상에 이르렀지만 하산 중에 위험에 봉착했다.

1742 ☐ **climber** [kláimər]	명 등산가, 오르는 사람 * climb 동 오르다, 등산하다
1743 ☐ **make it**	(장소에) 이르다, 제시간에 도착하다, 성공하다
1744 ☐ **summit** [sʌ́mit]	명 정상, 꼭대기
1745 ☐ **run into**	우연히 만나다, 부딪치다
1746 ☐ **hazard** [hǽzərd]	명 위험 * hazardous 형 모험적인, 위험한
1747 ☐ **descent** [disént]	명 강하, 하강 * descend 동 내려가다, 내리다

391

Astronauts in the orbiting space capsule ate their daily rations with relish.

궤도에 오른 우주캡슐의 우주 비행사들은 일일 배당 식사를 맛있게 먹었다.

1748 □ **astronaut**
[ǽstrənɔ̀:t]
명 우주 비행사

1749 □ **orbiting**
[ɔ́:rbitiŋ]
형 궤도를 선회하는

1750 □ **space**
[speis]
명 우주, 공간, 장소
* spacious 형 광활한, 넓은

1751 □ **capsule**
[kǽpsəl]
명 (약의) 캡슐, (우주선의) 캡슐

1752 □ **daily**
[déili]
형 매일의, 일당의

1753 □ **ration**
[rǽʃən]
명 일정한 배급량, [~s] 식량, 양식
동 [식량·의류·연료 등을] 배급하다

1754 □ **relish**
[réliʃ]
명 맛, 풍미, 조미료
« eat with **relish** 맛있게 먹다

392

A fine monument was set up in memory of the prominent democrat.

그 저명한 민주주의자를 기념하여 훌륭한 기념비가 세워졌다.

1755 □ **monument**
[mɑ́njumənt]
명 기념비, 기념물, 불후의 업적
* monumental 형 기념비의, 불후의

1756 □ **set up**
세우다, 창설하다, 설립하다

1757 □ **in memory of** ~을 기념하여, ~의 기념으로
  ✱ memorial 명 기념물, 기념일 형 기념의

1758 □ **prominent** 형 저명한, 눈에 띄는, 탁월한
  [prάmənənt] ✱ prominence 명 탁월, 걸출

1759 □ **democrat** 명 민주주의자
  [déməkræt] ✱ democracy 명 민주주의, 민주 정치
  ✱ democratic 형 민주주의의

393

The celebration ceremony was called off for fear of possible disturbances by radicals.

축하 의식은 과격파에 의한 소동을 우려하여 취소되었다.

1760 □ **celebration** 명 축하, 축전
  [sèləbréiʃən] ✱ celebrate 동 축복하다, (의식·축전 등을) 거행하다
  ✱ celebrated 형 유명한, 저명한
  ✱ celebrity 명 유명인, 명사, (유명) 연예인

1761 □ **ceremony** 명 의식, 식전, 의례
  [sérəmòuni] ✱ ceremonial 형 의식의, 정식의

1762 □ **call off** 취소하다, 중지하다

1763 □ **for fear of** ~이 두려워, ~하지 않도록

1764 □ **possible** 형 가능한, 있음직한
  [pάsəbl] ✱ possibility 명 가능성, 있을 수 있는 일

1765 □ **disturbance** 명 소동, 방해, 불안
  [distə́ːrbəns] ✱ disturb 동 방해하다

1766 □ **radical** 명 과격파, 급진주의자
  [rǽdikəl] 형 과격한, 급진적인

394

The people were groaning under heavy burdens
of taxation.

국민은 과세의 무거운 부담에 신음하고 있었다.

1767 ☐ **groan**
[groun]
- 동 신음하다, 번민하다
- 명 신음 소리

1768 ☐ **burden**
[bə́:rdn]
- 명 부담, 짐
- 동 ~에게 짐을 지우다

1769 ☐ **taxation**
[tækséiʃən]
- 명 과세, 세금(액)
- ＊ tax 명 세금, 세
  - 동 세금을 부과하다

395

How modest[humble] of him to rescue someone
and go away without even giving his name!

어떤 사람을 구해주고도 자기 이름조차 말하지 않고 떠나다니 그는 얼마나
겸손한가!

1770 ☐ **modest**
[mάdist]
- 형 겸손한, 적당한
- ＊ modesty 명 겸손, 수수함

1771 ☐ **humble**
[hʌmbl]
- 형 겸손한, 겸허한
- ＊ humility 명 겸손, 겸허

1772 ☐ **rescue**
[réskju:]
- 동 구출하다
- 명 구출, 구조
- 형 구조의, 구제의

1773 ☐ **go away**
- 떠나다, 사라지다

396

After a gas explosion, scores of people, including pedestrians, were hospitalized.

가스 폭발 후 보행자들을 포함해 수십 명의 사람들이 입원했다.

1774 □ **explosion**
[iksplóuʒən]

- 명 폭발
- * explode　동 폭발하다
- * explosive　형 폭발의
　　　　　　　명 폭발물

1775 □ **score**
[skɔːr]

- 명 득점, 점수, [~s] 다수, 많음
- « **scores** of　다수의, 몇십 개의

1776 □ **including**
[inklúːdiŋ]

- 전 ~을 포함해서
- * include　동 포함하다
- * inclusion　명 포함, 함유

1777 □ **pedestrian**
[pədéstriən]

- 명 보행자, 도보 여행자
- 형 보도의, 보행의

1778 □ **hospitalize**
[háspitəlàiz]

- 동 (종종 수동형으로) 입원시키다
- * hospitalization　명 입원
- * hospital　명 병원

397

The municipal authorities hesitate to give sanction to the foundation of an educational institution.

시 당국은 교육 기관의 설립 인가를 주저하고 있다.

1779 □ **municipal**
[mjunísəpəl]

형 시의, 지방자치의

« a **municipal** hospital   시립 병원

1780 □ **authority**
[əθɔ́:rəti]

명 권위, 권한, [~s] 당국

« the municipal [city] **authorities**
시(市)당국

1781 □ **hesitate**
[hézətèit]

동 주저하다, 망설이다

＊ hesitation   명 주저, 망설임

1782 □ **sanction**
[sǽŋkʃən]

명 인가, 허가

1783 □ **foundation**
[faundéiʃən]

명 설립, 창립, 토대

＊ found   동 창립하다

« be **founded** on   ~에 기초하다, 근거가 있다

1784 □ **institution**
[ìnstətjú:ʃən]

명 기관, 협회, 공공시설

＊ institute   동 설립하다
명 협회, 학회

398

Some of the bus passengers started to curse and swear at the reckless driver.

일부 승객은 무모한 운전사에게 갖은 악담을 퍼붓기 시작했다.

1785 ☐ **passenger** [pǽsəndʒər]	명 승객
1786 ☐ **curse** [kəːrs]	동 악담하다, 저주하다 명 저주, 악담
1787 ☐ **swear** [swɛər]	동 저주하다, 맹세하다, 단언하다 « curse and **swear** 악담을 퍼붓다, 갖은 욕설을 하다
1788 ☐ **reckless** [réklis]	형 무모한, 경솔한

399

I esteem myself lucky in being the only heir to his large legacy.

그의 막대한 유산의 유일한 상속자라는 점에서 나는 스스로를 행운아라고 생각하고 있다.

1789 ☐ **esteem** [istíːm]	동 존중하다, 존경하다, ~라고 생각하다, 여기다
1790 ☐ **lucky** [lʌ́ki]	형 행운의, 운이 좋은 ＊ luck 명 운, 행운
1791 ☐ **heir** [ɛər]	명 상속인 « be **heir** to (재산 등)의 상속인이다
1792 ☐ **legacy** [légəsi]	명 유산

400

It is authentic information derived from an expert in that field.

그것은 그 분야의 전문가로부터 얻은 믿을 만한 정보이다.

1793 □	**authentic** [ə:θéntik]	형 신뢰할 수 있는, 진짜의
1794 □	**information** [ìnfərméiʃən]	명 정보, 안내(소) * inform 동 (사람)에게 알리다, 통지하다 ‹‹ **inform** A of B A에게 B를 알리다 * informant 명 자료[정보] 제공자
1795 □	**expert** [ékspə:rt]	명 숙련된 사람, 전문가 형 숙달된, 전문가의

401

This supercomputer processes tremendous quantities of data.

이 슈퍼 컴퓨터는 막대한 양의 데이터를 처리한다.

1796 □	**supercomputer** [sú:pərkəmpjù:tər]	명 슈퍼 컴퓨터, 초고속 전자 계산기
1797 □	**process** [práses]	동 처리하다, 가공하다 명 과정, 경과, 처리
1798 □	**tremendous** [triméndəs]	형 막대한, 매우 큰
1799 □	**quantity** [kwántəti]	명 양, 분량
1800 □	**data** [déitə]	명 데이터, 자료

402

It will be nice once you remedy certain
superficial defects.

일단 네가 약간의 외견상의 결함을 고치면 좋을 텐데.

1801 ☐ **once** [wʌns]	접	한번(일단) ~하면
	부	한때, 이전에
1802 ☐ **remedy** [rémədi]	동	고치다, 치료하다
	명	치료(법), 치료약
1803 ☐ **superficial** [sù:pərfíʃəl]	형	외견상의, 피상적인, 천박한
1804 ☐ **defect** [dí:fekt]	명	결함, 결점
	*	defective 형 결점이 있는, 불완전한

403

I have a toothache. I'm going to the dentist to
have the tooth pulled out.

이가 아파. 치과에 가서 이를 뽑아야겠어.

1805 ☐ **toothache** [tú:θèik]	명	치통
1806 ☐ **dentist** [déntist]	명	치과 의사
	*	dental 형 치아의, 치과의
1807 ☐ **pull out**		뽑다, 잡아당기다

404

His philosophy is at once inclusive and profound.

그의 철학은 포괄적인 동시에 심원하다.

1808 ☐	**philosophy** [filásəfi]	명 철학, 인생 철학 ＊ philosopher 　명 철학자, 현인
1809 ☐	**inclusive** [inklúːsiv]	형 포괄적인, 모든 것을 포함한 ＊ include 　동 포함하다
1810 ☐	**profound** [prəfáund]	형 심원한, 깊은

405

There are affirmative as well as negative views about the expansion of armaments.

군비 확장에 대해 부정적인 견해뿐만 아니라 긍정적인 견해도 있다.

1811 ☐	**affirmative** [əfɔ́ːrmətiv]	형 긍정적인, 찬성의 ＊ affirm 　동 단언하다, 긍정하다
1812 ☐	**negative** [négətiv]	형 부정적인, 반대의, 소극적인
1813 ☐	**view** [vjuː]	명 의견, 견해, 전망, 목적 동 바라보다, ~이라고 생각하다 « in **view** of 　~이 보이는 곳에 « with a **view** to ~ing 　~할 목적으로
1814 ☐	**expansion** [ikspǽnʃən]	명 확장, 팽창 ＊ expand 　동 확대하다, 팽창하다 ＊ expanse 　명 확장
1815 ☐	**armament** [áːrməmənt]	명 군비 ＊ disarmament 　명 군비 축소, 무장 해제 ＊ arm 　동 무장시키다 　명 [~s] 무기

406

> I recently purchased a digital camera for the first time.
>
> 나는 최근에 처음으로 디지털 카메라를 구입했다.

1816 □ **recently**
[ríːsntli]

부 최근에, 요즘 (lately)

1817 □ **purchase**
[pə́ːrtʃəs]

동 사다, 구입하다
명 구입, 구매

1818 □ **digital**
[dídʒətl]

형 디지털의, 숫자로 된
(⇔analog(ue) 아날로그 방식의)

407

> He carries a haughty air, but he secretly feels inferior to others.
>
> 그는 오만한 태도를 취하고 있지만 타인에게 내심 열등감을 품고 있다.

1819 □ **haughty**
[hɔ́ːti]

형 오만한, 건방진

1820 □ **air**
[ɛər]

명 태도, 외양, 분위기

1821 □ **secretly**
[síːkritli]

부 비밀스럽게, 몰래
* secret 형 비밀의, 은밀한
         명 비밀, 비결

1822 □ **inferior**
[infíəriər]

형 열등한, 하급의
« be **inferior** to ~보다 열등하다
* inferiority 명 하위, 열등

1823 □ **others**
[ʌ́ðərz]

대 타인, 다른 사람들

408

All at once the typhoon altered its path and is now heading westward.

태풍은 돌연 진로를 변경해서 지금 서쪽으로 향하고 있다.

1824 □ **all at once**   갑자기 (suddenly), 다 한꺼번에

1825 □ **typhoon**   명 태풍
[taifúːn]   ☞ 태평양 서부에서 발생하는 폭풍우. 유사어로 hurricane
(허리케인), cyclone (사이클론) 등이 있다.

1826 □ **alter**   동 바꾸다, 고치다
[ɔ́ːltər]   ☞ altar   명 제단(祭壇)과 동음
   * alteration   명 변경, 개정

1827 □ **head**   동 향하다, ~의 선두에 서다
[hed]   명 머리, 두뇌
   << **head** for   ~를 향해 나아가다

1828 □ **westward**   부 서방으로, 서쪽을 향해
[wéstwərd]   형 서쪽으로 향하는

409

I had to decline his invitation to dinner because of a previous engagement.

선약이 있어서 그의 식사 초대를 거절하지 않을 수 없었다.

1829 □ **decline**   동 거절하다, 기울다, 쇠퇴하다
[dikláin]   명 쇠퇴, 감소
   << on the **decline**   쇠퇴하여, 내리막에

1830 □ **invitation**   명 초대, 초대장
[ìnvətéiʃən]   * invite   동 초대하다, 초청하다

1831 ☐ **dinner** [dínər]	명 만찬회, 식사 ‹‹ have **dinner** 식사하다
1832 ☐ **because of**	~때문에 [원인·이유]
1833 ☐ **previous** [prí:viəs]	형 먼저의, 앞의 ‹‹ **previous** to ~보다 이전에
1834 ☐ **engagement** [ingéidʒmənt]	명 약속, 약혼 ＊ engage 동 약속하다, 고용하다 ‹‹ be **engaged** in ~에 종사하고 있다 ‹‹ be **engaged** to ~와 약혼하다

410

Accurate statistics on birthrate were hard to come by.

출생률에 관한 정확한 통계는 입수하기 힘들었다.

1835 ☐ **accurate** [ǽkjurət]	형 정확한, 정밀한 ＊ accuracy 명 정확성, 정밀성
1836 ☐ **statistics** [stətístiks]	명 통계, 통계학 ＊ statistical 형 통계적인, 통계학의
1837 ☐ **birthrate** [bə́:rθrèit]	명 출생률
1838 ☐ **come by**	~을 손에 넣다

411

The agreement was signed in the presence of representatives from all nations concerned.

그 협정은 모든 관계국의 대표 앞에서 서명되었다.

1839 □ **agreement**
[əgríːmənt]
- 명 협정, 계약, 일치
- ☞ 국가간의 조약 (treaty), 개인의 계약 (contract) 을 포함한다.
- * agree 동 합의에 도달하다, 동의하다
- * agreeable 형 기분 좋은, 기꺼이 동의하는

1840 □ **sign**
[sain]
- 동 서명하다, 신호하다
- 명 표시, 신호

1841 □ **representative**
[rèprizéntətiv]
- 명 대표(자) 형 대표하는, 대표적인
- « be **representative** of ~을 대표하다
- * represent 동 ~을 나타내다, 의미하다

1842 □ **concerned**
[kənsə́ːrnd]
- 형 관계가 있는, 해당하는

412

Korea should not spare money in developing alternative energy resources to oil.

한국은 석유 대체 에너지 자원을 개발하는 데 돈을 아껴서는 안 된다.

1843 □ **spare**
[spέər]
- 동 (돈, 노력을) 아끼다, (고생 등을) 시키지 않다
- « **spare** A B A에게 B를 끼치지 않다

1844 □ **develop**
[divéləp]
- 동 개발하다, 발달시키다
- « **developing** country 발전도상국
- « **developed** country 선진국
- * development 명 개발, 발달

1845 □ **alternative**
[ɔːltə́ːrnətiv]
- 형 양자택일의, 대체의 명 양자택일, 대안
- « **alternative** energy 대체 에너지

1846 □ **resources**
[ríːsɔːrsiz]
- 명 자원, 자산

413

From an objective viewpoint, his logic makes no sense.

객관적인 견지에서 보면 그의 논리는 이치에 맞지 않는다.

1847 ☐ **objective** [əbdʒéktiv]	형 객관적인 (⇔subjective 주관적인) 명 목적, 목표 (aim)
1848 ☐ **viewpoint** [vjúːpɔ̀int]	명 견지, 입장, 관점 « from one's **viewpoint** ~의 관점[견지]에서
1849 ☐ **logic** [ládʒik]	명 논리, 논리학 * logical 형 논리적인, 논리정연한

414

Now we are not allowed to employ torture to make people confess.

이제는 사람을 자백시키기 위해 고문을 이용하는 일은 허용되지 않는다.

1850 ☐ **allow** [əláu]	동 허가하다, 허용하다, 참작하다 « **allow** for ~을 고려하다, ~를 참작하다 * allowance 명 수당, 용돈
1851 ☐ **employ** [implɔ́i]	동 이용하다, 쓰다, 고용하다 * employment 명 고용, 사용
1852 ☐ **torture** [tɔ́ːrtʃər]	명 고문, 심한 고통 동 고문하다
1853 ☐ **confess** [kənfés]	동 자백하다, 인정하다 * confession 명 고백, 자백

15 Section

415 ☐ **abolish slavery**	노예제도를 폐지하다
416 ☐ **lament the death of**	~의 죽음을 애도하다
417 ☐ **genuine talent for the piano**	피아노에 대한 진정한 재능
418 ☐ **sullen and grim countenance**	부루퉁하고 험상스러운 표정
419 ☐ **edible seaweed** ☐ **be vulnerable to humidity**	식용 해초 습기에 약하다
420 ☐ **verdict of guilty**	유죄 평결
421 ☐ **atomic submarine**	원자력 잠수함
422 ☐ **distinguish between female and male**	남녀를 구별하다
423 ☐ **rows of vending machines**	자판기 대열
424 ☐ **trade mission** ☐ **courteous treatment**	무역사절단 정중한 대우
425 ☐ **applicants to universities** ☐ **for three years running**	대학 지원자 3년간 계속하여
426 ☐ **speed up deterioration**	악화를 가속화하다
427 ☐ **beyond human capability**	인간의 능력을 초월한
428 ☐ **sports reporter** ☐ **private affairs**	스포츠 기자 사적인 일

415

> Lincoln declared that slavery should be restricted
> and eventually done away with.[abolished]
>
> 링컨은 노예제도가 제한되어 결국은 폐지되어야 한다고 선언했다.

1854 □ **declare** 　 동 선언하다, 단언하다
　　　[diklέər] 　 ＊ declaration 　 명 선언, 발표

1855 □ **slavery** 　 명 노예제도, 노예의 신분
　　　[sléivəri] 　 ＊ slave 　 명 노예, ～에 사로잡힌 사람

1856 □ **restrict** 　 동 제한하다, 한정하다
　　　[ristríkt] 　 ＊ restriction 　 명 제한

1857 □ **eventually** 　 부 결국은, 마침내
　　　[ivéntʃuəli] 　 ＊ eventual 　 형 최종적인, 궁극의
　　　　　　　　　　＊ event 　 명 사건, 결과

1858 □ **do away with** 　 없애다, 제거하다, 폐지하다 (abolish)

416

> This poem conveys how deeply the writer
> lamented the death of his comrades in battle.
>
> 이 시는 그 작가가 전우의 죽음을 얼마나 깊이 슬퍼했는지를 전하고 있다.

1859 □ **poem** 　 명 시, 운문
　　　[póuəm] 　 ＊ poetry 　 명 시

1860 □ **convey** 　 동 전달하다, 옮기다
　　　[kənvéi] 　 ＊ conveyance 　 명 운반, 전달

1861 ☐ **lament** [ləmént]	동 애도하다 ✻ lamentable 형 슬픈, 한탄스러운
1862 ☐ **comrade** [kámræd]	명 동료, 친한 친구 « **comrade** in battle (arms) 전우(戰友)
1863 ☐ **battle** [bǽtl]	명 전쟁, 전투 ☞ battle은 국지적인 개개의 전투를 가리키며, war의 일부 분이다.

417

> Patty was a bright, cute little girl, with a genuine talent for the piano.
>
> 패티는 피아노에 대한 진정한 재능을 지닌, 영리하고 귀여운 소녀였다.

1864 ☐ **bright** [bráit]	형 영리한, 빛나는
1865 ☐ **cute** [kjuːt]	형 귀여운, 예쁜, 눈치 빠른, 기민한
1866 ☐ **genuine** [dʒénjuin]	형 진짜의, 참된
1867 ☐ **talent** [tǽlənt]	명 재능, 적성 ☞ 영어의 talent는 '유능한 사람'을 가리키며, 우리가 말하는 '(TV) 탤런트'의 뜻으로는 잘 쓰지 않는다. '(TV) 탤런트' 는 영어로 personality, star, entertainer 등이라고 한다.

418

He possesses a sullen and grim countenance.

그는 부루퉁하고 험상스러운 표정을 띠고 있다.

1868	**possess** [pəzés]	동 소유하다, (능력·성질 등을) 지니다 ＊ possession 명 소유, 점령
1869	**sullen** [sʌ́lən]	형 부루퉁한, 무뚝뚝한
1870	**grim** [grim]	형 위엄 있는, 험상스러운, 기분 나쁜
1871	**countenance** [káuntənəns]	명 표정, 용모

419

Laver, a kind of edible seaweed, is vulnerable to humidity.

일종의 식용 해초인 김은 습기에 젖기 쉽다.

1872	**edible** [édəbl]	형 먹을 수 있는, 식용으로 적합한
1873	**seaweed** [síːwìːd]	명 해초, 해조 ☞ weed 명 잡초
1874	**vulnerable** [vʌ́lnərəbl]	형 상처입기 쉬운, (유혹 등에) 넘어가기 쉬운 취약성이 있는
1875	**humidity** [hjuːmídəti]	명 습기, 습도 ＊ humid 형 습기 있는, 눅눅한

420

The jury was unanimous in bringing in a verdict of guilty.

배심원은 만장일치로 유죄 평결을 내렸다.

1876 □ **jury**
[dʒúəri]
명 배심(원단)
☞ 일반시민들 중에서 선발된 12명의 배심원 (juror) 으로 구성되고, 유죄인지 아닌지를 평결 (verdict) 하며, 재판장에게 답신(答申) 한다.

1877 □ **unanimous**
[ju:nǽnəməs]
형 만장일치의, 합의의
* unanimity 명 만장일치

1878 □ **bring in**
(배심원이 판결)을 내리다
(의안)을 제출하다

1879 □ **verdict**
[və́:rdikt]
명 평결, 답신

1880 □ **guilty**
[gílti]
형 유죄의, ~의 죄를 범한
* guilt 명 유죄, 죄

421

Two U.S. atomic submarines explored the Arctic in 1959.

두 척의 미국 원자력 잠수함이 1959년에 북극지방을 탐사했다.

1881 □ **atomic**
[ətámik]
형 원자력의, 원자의
* atom 명 원자

1882 □ **submarine**
[sʌ́bmərì:n]
명 잠수함 [sub (=under) + marine (=the sea)]
형 해저의, 해중의

1883 □ **explore**
[iksplɔ́:r]
동 탐사하다, 탐험하다
* exploration 명 탐험, 조사
* explorer 명 탐험가, 조사자

1884 □ **Arctic**
[á:rktik]
명 [the~] 북극 지방 (⇔the Antarctic 남극 지방)
형 북극의 (⇔Antarctic 남극의)

422

He delicately distinguished between female and male conceptions of love.

그는 여성과 남성이 각자 품는 사랑의 관념을 미묘하게 구별했다.

1885 ☐ **delicately**
[délikətli]

- 부 미묘하게, 우아하게, 섬세하게
- ＊ delicate   형 우아한, 섬세한
- ＊ delicacy   명 우아, 섬세함

1886 ☐ **female**
[fíːmeil]

- 형 여성의, 암컷의
- 명 여성
- ＊ feminine   형 여성스러운 (⇔manly)

1887 ☐ **male**
[meil]

- 형 남성의, 수컷의
- 명 남성, 수컷

1888 ☐ **conception**
[kənsépʃən]

- 명 관념, 개념, 사고

423

Walking down any street in Japan, you are bound to come across rows of vending machines.

일본에서 거리를 걸으면 반드시 자판기 대열이 늘어져 있는 것을 보게 된다.

1889 ☐ **bound**
[baund]

- 형 의무가 있는, 꼭 ∼하게 되어 있는 (to do)

1890 ☐ **come across**

우연히 만나다, 발견하다

1891 ☐ **vend**
[vend]

- 동 팔다, 행상하다
- ≪ **vending** machine   자동 판매기
- ＊ vendor   명 행상인

424

The ambassador gave the trade mission
courteous treatment.

그 대사는 무역사절단에게 정중한 대우를 해주었다.

1892 □ **ambassador** [æmbǽsədər]	명 대사, 사절 << the Korean **ambassador** to the United States 주미 한국 대사 ☞ '대사관'은 embassy
1893 □ **mission** [míʃən]	명 사절(단), 대표(단), 사명 * missionary 명 선교사, 전도자
1894 □ **courteous** [kə́:rtiəs]	형 예의바른, 정중한 * courtesy 명 예의바름, 공손함
1895 □ **treatment** [trí:tmənt]	명 대우, 치료(법) * treat 동 대우하다, 치료하다 명 대접, 즐거움

425

The number of applicants to universities has
remained static for three years running.

대학 지원자수가 3년을 계속해서 변동이 없다.

1896 □ **applicant** [ǽplikənt]	명 지원자, 신청자 * apply 동 신청하다, 지원하다
1897 □ **remain** [riméin]	동 여전히 ~이다, ~대로이다 명 [~s] 나머지, 잔액
1898 □ **static** [stǽtik]	형 변동이 없는, 고정된
1899 □ **running** [rʌ́niŋ]	부 [복수 명사 뒤에서] 연속해서, 잇따라

426

> Removal of surface soil speeds up this deterioration.
>
> 표면의 흙을 제거하면 이런 악화는 가속화된다.

1900 □ **removal**
[rimú:vəl]
- 명 제거, 이동
- * remove 동 없애다, 제거하다, 이전하다

1901 □ **surface**
[sə́:rfis]
- 형 표면의, 지상의
- 명 표면, 지면

1902 □ **soil**
[sɔil]
- 명 흙, 토양

1903 □ **speed up**
속도를 더하다

1904 □ **deterioration**
[ditìəriəréiʃən]
- 명 악화, 저하
- * deteriorate 동 악화시키다, 저하시키다

427

> They contended that foreseeing a flood of that immensity was beyond human capability.
>
> 그들은 그와 같은 거대한 홍수를 예측하는 일은 인간의 능력을 초월한 것이라고 주장했다.

1905 □ **contend**
[kənténd]
- 동 주장하다, 싸우다
- * contention 명 다툼, 분쟁

1906 □ **foresee**
[fɔ:rsí:]
- 동 예측하다, 내다보다
- * foresight 명 선견, 통찰력

1907 □ **flood**
[flʌd]
- 명 홍수, 범람, 쇄도
- 동 범람하다, 홍수지다

1908 □ **immensity**
[iménsəti]
- 명 거대함, 헤아릴 수 없는 것
- * immense 형 광대한, 거대한

1909 □ **beyond**
[biánd]
- 전 (정도·한도의) 범위를 넘어서, ~의 저쪽에

1910 □ **capability**
[kèipəbíləti]
- 명 능력, 힘
- * capable 형 유능한
- « be **capable** of ~ing ~할 능력이 있는

428

The sports reporter is intimately acquainted with the player's private affairs.

그 스포츠 기자는 그 선수의 사적인 일을 상세히 알고 있다.

1911 □ **reporter**
[ripɔ́:rtər]
- 명 보도 기자, 신문 기자
- « sports **reporter** 스포츠 기자

1912 □ **intimately**
[íntəmətli]
- 부 상세하게, 친밀하게
- * intimate 형 친밀한, 개인적인
- * intimacy 명 친밀함, 친교

1913 □ **acquaint**
[əkwéint]
- 동 익히 알게 하다, 숙지시키다
- « be **acquainted** with
  ~을 알고 있다, ~에 정통하다
- * acquaintance 명 아는 사람, 지인
- « make A's **acquaintance**
  A와 아는 사이가 되다, 친구되다

1914 □ **affair**
[əfɛ́ər]
- 명 일, 문제, 사건

429

My brother-in-law inherited his aunt's estate.

내 자형은 그의 고모 재산을 상속받았다.

1915 □ **brother-in-law** [brʌ́ðərinlɔ̀ː]	명	자형, 매부, 처남
	☞	sister-in-law 형수, 처제, 처형
	*	-in-law [연결형] 혈족은 아니나 혈연자와 같은 관계의 ~: father-in-law 시아버지, 장인
1916 □ **inherit** [inhérit]	동	상속하다, (유전적으로) 물려 받다
	*	inheritance 명 상속, 유전적 성질
1917 □ **aunt** [ænt]	명	고모, 숙모, 이모 (⇔uncle (외)삼촌, 백부)
	☞	ant (개미)와 동음
1918 □ **estate** [istéit]	명	재산, 사유지
	≪	real **estate** 부동산

430

A spider had stretched its web across the track to trap prey.

거미 한 마리가 거미줄을 쳐서 그 길을 따라가 먹이를 잡으려고 했다.

1919 □ **spider** [spáidər]	명	거미
1920 □ **stretch** [stretʃ]	동	팽팽히 치다, 넓히다
	명	확장, 팽팽하게 폄
	*	stretcher 명 들것
1921 □ **web** [web]	명	거미줄, 거미집 모양의 것

1922 □ **across** [əkrɔ́s]	전 ~을 가로질러, ~의 맞은 편에
1923 □ **track** [træk]	명 작은 길, 지나다닌 흔적, 통로
1924 □ **trap** [træp]	동 덫으로 잡다, 덫을 놓다 명 덫, 함정
1925 □ **prey** [prei]	명 먹이, 희생자 동 포식하다, 먹이로 하다 « fall [become] (a) **prey** to ~의 먹이가 되다

431

You are supposed to refrain from smoking in this temple.

이 사찰에서는 흡연을 삼가해야 합니다.

1926 □ **supposed** [səpóuzd]	동 (~하기로) 되어 있는 « be **supposed** to (관습, 법 등으로) ~하기로 되어 있다
1927 □ **refrain** [rifréin]	동 삼가다, 자제하다 (~from)
1928 □ **smoking** [smóukiŋ]	명 흡연, 끽연 ＊ smoke 동 담배를 피다, 흡연하다
1929 □ **temple** [témpl]	명 절, 신전

432

He instilled lofty ideals firmly into the young.

그는 젊은이들에게 높은 이상을 확실하게 불어넣었다.

1930 □ **lofty**
[lɔ́:fti]

형 매우 높은, 고상한

1931 □ **ideal**
[aidí:əl]

명 이상, 이상적인 사람
형 이상적인, 비현실적인
＊ idealistic 형 이상주의(자)의

1932 □ **firmly**
[fə́:rmli]

부 확실히, 단호하게
＊ firm 형 확고한, 흔들리지 않는

433

The skyscraper hotel can accommodate no less than 1,500 guests.

그 초고층 호텔은 1,500명이나 되는 많은 손님들을 수용할 수 있다.

1933 □ **skyscraper**
[skáiskrèipər]

명 초고층 빌딩, 마천루(摩天樓)
[sky (하늘을) + scraper (긁는 것)]

1934 □ **accommodate**
[əkámədèit]

동 수용하다, 적응시키다
＊ accommodations 명 수용능력, 숙박설비

1935 □ **no less than**

(수사를 동반해서) ～만큼이나 많은, ～이나

434

> The detective investigated every suspect, but he could find no clue to solve the murder case.
>
> 그 형사는 모든 용의자를 수사했으나 살인 사건을 해결하는 실마리를 찾을 수 없었다.

1936 ☐ **detective** [ditéktiv]	명 형사, 탐정 << **detective** story 추리(탐정) 소설
1937 ☐ **investigate** [invéstəgèit]	동 수사하다, 조사하다 * investigation 명 조사, 연구
1938 ☐ **suspect** [sʌspekt]	명 용의자 동 [səspékt] ~을 수상히 여기다 * suspicion 명 용의, 의심 * suspicious 형 의심스러운
1939 ☐ **clue** [kluː]	명 실마리, 단서
1940 ☐ **murder** [mə́ːrdər]	명 살인 동 살해하다 << a **murder** case 살인사건 * murderer 명 살인자
1941 ☐ **case** [keis]	명 사건, 경우, 사례

435

The priest was at times disturbed by wicked desires.

그 성직자는 때로 부정한 욕망에 마음이 흔들렸다.

1942 □ **priest** [priːst]	명 성직자, 사제
1943 □ **at times**	때때로
1944 □ **disturb** [distə́ːrb]	동 (마음·일 등을) 방해하다, 어지럽히다 ＊ disturbance 명 (마음의) 동요, 불안
1945 □ **wicked** [wíkid]	형 나쁜, 악의 있는
1946 □ **desire** [dizáiər]	명 욕망, 소망 동 몹시 바라다, 원하다 《 leave much to be **desired** 미흡한 점이 많다 《 leave nothing to be **desired** 더할 나위 없다

436

His personal and professional lives have no clearly defined boundary.

그의 사생활과 직장 생활 사이에는 뚜렷하게 정의된 경계선이 없다.

1947 □ **professional** [prəféʃənl]	형 직업의, 전문직의, 프로의 ＊ profession 명 직업
1948 □ **define** [difáin]	동 정의하다, 한정하다 ＊ definition 명 정의 ＊ definite 형 명확한, 일정한 ＊ definitely 부 명확히, 단호하게
1949 □ **boundary** [báundəri]	명 경계선, 경계 ＊ bound 명 [~s] 경계, 한계

437

I ruthlessly destroyed the first drafts of the novel.

나는 가차없이 그 소설의 초고본을 찢어 버렸다.

| 1950 ☐ **ruthlessly** | 📙 가차없이, 무자비하게 |
| [rú:θlisli] | * ruthless 📗 무자비한, 가차없는 |

1951 ☐ **destroy**	📘 파괴하다, (문서 등을) 파기하다
[distrɔ́i]	* destruction 📕 파괴
	* destructive 📗 파괴적인

| 1952 ☐ **draft** | 📕 초고(草稿), 설계도, 외풍 |
| [dræft] | |

| 1953 ☐ **novel** | 📕 소설 ☞ 단편 소설은 short story |
| [návəl] | * novelist 📕 소설가 |

438

He was completely in despair over his wife's heedless extravagance.

그는 자기 아내의 무분별한 낭비에 완전히 절망하고 있었다.

1954 ☐ **completely**	📙 완전히, 철저히
[kəmplí:tli]	* complete 📗 완전한, 전부의
	📘 완성하다, 완전한 것이 되게 하다

1955 ☐ **in despair**	절망해서, 자포자기하여
	* despair 📕 절망, 자포자기 📘 절망하다
	* desperate 📗 필사적인, 절망적인

1956 ☐ **heedless**	📗 부주의한, 무분별한
[hí:dlis]	* heed 📕 주의 📘 ~에 주의하다
	« pay **heed** to = take **heed** of
	~을 주의하다, 조심하다

| 1957 ☐ **extravagance** | 📕 낭비 |
| [ikstrǽvəgəns] | * extravagant 📗 낭비하는, 사치스러운 |

439

The biographer is gathering material for his book on a great statesman.

그 전기 작가는 어느 위대한 정치가에 관한 책을 쓰기 위해 자료를 수집하고 있다.

1958 □ **biographer**
[baiágrəfər]

명 전기 작가
* biography 명 전기
[bio (인생)+graphy (쓴 것, 저작물)]
* autobiography 명 자전(自傳)
[auto (자신)+biography]

1959 □ **gather**
[gǽðər]

동 모으다, 수집하다
* gathering 명 모임

1960 □ **material**
[mətíəriəl]

명 자료, 재료
형 물질적인, 물질의

1961 □ **statesman**
[stéitsmən]

명 정치가
☞ politician 명 정치가, 정치꾼

440

No matter what reasons he has, we can't forgive him for misusing his privileges.

그가 어떤 이유든 간에 자신의 특권을 남용하는 것은 용서할 수 없다.

1962 □ **reason**
[ríːzn]

명 이유, 이성
* reasonable 형 분별이 있는, 도리에 맞는

1963 □ **forgive**	동 용서하다 (⇔blame)	
[fərgív]	* forgiveness 명 용서, 면제	
1964 □ **misuse**	동 악용하다, 남용하다	
[misjúːs]	명 오용, 악용	
1965 □ **privilege**	명 특권, 특전	
[prívəlidʒ]	* privileged 형 특권을 가진	

441

The main point may well be briefly summed up as follows.

요점은 다음과 같이 간결하게 요약될 수 있다.

1966 □ **may well**	~라고 해도 무방하다, ~하는 것도 당연하다
	« He **may well** get angry.
	그가 화내는 것도 당연하다.
1967 □ **briefly**	부 간결하게
[bríːfli]	* brief 형 짧은, 간결한
	« in **brief** 간단하게 말하자면
1968 □ **sum up**	요약하다, ~을 합계하다
	* sum 명 금액, 합계, 총계
1969 □ **as follows**	다음과 같이
	☞ follows는 비인칭 동사로 인칭·시제와 관계없이 항상
	3인칭 단수 현재형으로 쓰임.

442

The coalition government enacted new legislation regarding credit transactions.

연립 정부는 신용 거래에 관한 새로운 법률을 제정했다.

1970 ☐ **coalition**
[kòuəlíʃən]

명 연립, 연합, 합동
« a **coalition** government   연립 정부

1971 ☐ **government**
[gʌ́vərnmənt]

명 정치, [집합적] 정부
* govern   동 통치하다, 다스리다
* governor   명 주지사

1972 ☐ **enact**
[inǽkt]

동 (법률을) 제정하다

1973 ☐ **legislation**
[lèdʒisléiʃən]

명 법률 제정, 입법 행위, [집합적] 법률, 법령
* legislate   동 법률을 제정하다
* legislative   형 입법상의, 법률을 제정하는

1974 ☐ **regarding**
[rigá:rdiŋ]

전 ~에 관해서, ~의 점에서는

1975 ☐ **credit**
[krédit]

명 신용, 신뢰, 명성

1976 ☐ **transaction**
[trænsǽkʃən]

명 거래, 처리
* transact   동 (업무·거래 등을) 행하다, 거래하다

443

There is a garbage disposal in the sink for grinding food waste.

먹고 남긴 음식물을 잘게 분쇄하는 쓰레기 처리기가 싱크대에 달려 있다.

1977 ☐ **garbage**
[gá:rbidʒ]

명 쓰레기, 음식 찌꺼기
« **garbage** disposal   쓰레기 처리(기)

1978 □ **disposal**
[dispóuzəl]

- 명 처리, 처분권,
(싱크대에 부착된) 음식물 쓰레기 분쇄기
- « at A's **disposal**
  A의 자유에 맡기는, A가 생각하는 대로
- ＊ dispose 동 처리하다, ～할 마음이 내키게 하다
- « **dispose** A to do
  A에게 ～할 마음이 들게 하다

1979 □ **sink**
[síŋk]

- 명 싱크대, 개수대
- 동 (-sank-sunk) 가라앉다, 내려앉다

1980 □ **grind**
[graind]

- 동 갈아서 으깨다, 갈다

1981 □ **waste**
[weist]

- 명 낭비, 쓰레기

444

The traitor was punished with eternal banishment[exile].

그 반역자는 영구 추방형에 처해졌다.

1982 □ **traitor**
[tréitər]

- 명 반역자, 배신자

1983 □ **eternal**
[itə́:rnl]

- 형 영구의, 영원의

1984 □ **banishment**
[bǽniʃmənt]

- 명 추방, 유배
- ＊ banish 동 추방하다

1985 □ **exile**
[éɡzail]

- 명 유배, 국외 추방
- 동 추방하다, 유배시키다

445

It would be crazy to do that without official
assurance that it is safe.

안전하다는 공식적인 보증 없이 그런 일을 한다면 제 정신이 아닌 걸것이다.

1986 ☐ **crazy**
　[kréizi]
　　형 제정신이 아닌, 열중한
　　« be **crazy** about ~에 열중하다

1987 ☐ **official**
　[əfíʃəl]
　　형 공식적인, 공인된
　　명 공무원, 임원

1988 ☐ **assurance**
　[əʃúərəns]
　　명 보증, 확신
　　＊ assure 　동 보증하다, 확신시키다
　　＊ assured 　형 자신 있는, 보증된

1989 ☐ **safe**
　[seif]
　　형 안전한
　　명 금고
　　＊ safety 　명 안전, 무사

Not he who has much is rich, but
he who gives much.

— Erich Fromm

많이 가진 사람이 부자가 아니라 많이 주는
사람이 부자이다.

— 에리히 프롬

시험에 꼭 나오는

수능영단어
2300

펴낸이	ㅣ	임 병 업
펴낸곳	ㅣ	(주)월드컴 에듀
등록	ㅣ	2000년 1월 17일
주소	ㅣ	서울특별시 강남구 언주로 30길 13,
		1403(도곡동, 대림 아크로텔)
전화	ㅣ	02)3273-4300(대표)
팩스	ㅣ	02)3273-4303
홈페이지	ㅣ	www.wcbooks.co.kr
이메일	ㅣ	wc4300@wcbooks.co.kr

HAIBURIDDO EITANGO JUKUGO 2300 by Takashi Nakao
Copyright ⓒ 2000 by Takashi Nakao
All rights reserved
Original Japanese edition published by Bun-eido Publishing Co., Ltd.
Korean translation rights arranged with Bun-eido Publishing Co., Ltd.
through Japan Foreign-Rights Centre / Shin Won Agency

이 책에 실린 모든 내용 및 디자인의 저작권은 (주)월드컴 에듀와 지은이에게 있습니다.
지은이와 출판사의 허락 없이 복제하거나 다른 매체에 옮겨 실을 수 없습니다.

당신의 미래를 생각하는 출판사  **WorldCom Edu**

＊잘못된 책은 바꾸어 드립니다.
＊책값은 뒤표지에 있습니다.